Technologie und Gesellschaft
an der Jahrtausendwende

SOZIALWISSENSCHAFTLICHE STUDIEN
DES SCHWEIZERISCHEN INSTITUTS FÜR
AUSLANDFORSCHUNG
BAND 28 (NEUE FOLGE)

BEGRÜNDET VON
PROF. DR. DR. h.c. FRIEDRICH A. LUTZ (†)

HERAUSGEBER:
Bis Band 17: PROF. DR. DANIEL FREI (†)
Band 18 bis 22: PROF. DR. WILLY LINDER
ab Band 23: Prof. Dr. DIETER RULOFF

1999
VERLAG RÜEGGER

Schweizerisches
Institut für
Auslandforschung

Technologie und Gesellschaft an der Jahrtausendwende

Herausgeber: Dieter Ruloff

Beiträge von: Jürgen Mittelstrass
Lawrence D. Freedman
Gert Lorenz
Martin Bangemann
Lord Dearing
Ulrich Seiffert
Horst Teltschik

Verlag Rüegger

Die Deutsche Bibliothek – CIP-Einheitsaufnahme

Technologie und Gesellschaft an der Jahrtausendwende / Schweizerisches Institut für Auslandforschung / Hrsg.: Dieter Ruloff. Beitr. von: Jürgen Mittelstrass … - Chur ; Zürich : Rüegger, 1999
(Sozialwissenschaftliche Studien des Schweizerischen Instituts für Auslandforschung ; N.F., Bd. 28)
ISBN 3-7253-0629-X

Internet: http://www.rueggerverlag.ch
E-mail: info@rueggerverlag.ch
ISBN 3 7253 0629 X
Foto Umschlag: ImageBank
Druck: Gasser Print AG, Chur

9044-09

Inhalt

Vorwort

Der vorliegende Band enthält die Vorträge des Instituts für Auslandforschung, die im Rahmen des Wintersemester-Zyklus 1998/99 gehalten wurden. Er bietet einen Einstieg in die Problematik «Technologie und Gesellschaft» und geht am Beispiel wichtiger Themen den Fragen auch im Detail nach. Vorangestellt wurde den Beiträgen eine Einleitung durch den Herausgeber des Bandes, der einige Definitionen bringt, den politischen und gesellschaftlichen Kontext absteckt und schliesslich auch noch jene Themen kurz behandelt, die im Vortragszyklus des Instituts nicht oder nur am Rande angesprochen werden konnten: Der Einfluss technologischen Fortschritts auf Medizin, Biotechnologie, Energie, Raumfahrt und Umwelt. Einen «flächendeckenden» Überblick zum Thema Technologie bietet der vorliegende Band also nicht, aber einen Einstieg in die Thematik anhand der Referate kompetenter und prominenter Exponenten aus Forschung, Wirtschaft und Politik.

Prof. Jürgen Mittelstrass von der Universität Konstanz zeigt auf, warum gesellschaftliche Entwicklung und technologische Dynamik unauflöslich miteinander verbunden sind und kein sinnvoller Ausstieg aus letzterer denkbar ist. *Prof. Lawrence D. Freedman* vom Londoner King's College befasst sich mit den Auswirkungen technologischen Fortschritts auf zwischenstaatliche Konflikte und Kriegführung. *Gert Lorenz,* erstes deutsches Mitglied im Vorstand des niederländischen Philips-Konzerns, untersucht die Randbedingungen, die in Betrieb und Gesellschaft technologische Revolutionen wie jene der Mikroelektronik hervorbringen oder eben auch verhindern. Die zunehmende Schwierigkeit, gesetzliche Leitplanken für den technologischen Fortschritt zu setzen, um unerwünschte Auswirkungen zu verhindern, untersucht *Martin Bangemann,* bis zum Frühjahr 1999 EU-Kommissar für Industrie und Technologie. Der Einfluss technologischen Wandels auf

Universitätsausbildung und universitäre Forschung und deren bevorstehende Mutation von einer Staatsaufgabe zu einem internationalen Geschäft sind das Thema des Beitrages von *Lord Dearing,* der nach langer Karriere im öffentlichen Dienst Grossbritanniens zuletzt die nach ihm benannte Kommission zur Reform des britischen Bildungswesens präsidierte. Wie technologischer Wandel sich in Kundenwünsche und betriebswirtschaftlich-technische Produktionsvorgaben für den Ingenieur umsetzt, demonstriert am Beispiel der Automobilindustrie *Ulrich Seiffert,* langjähriger Entwicklungschef des Volkswagen-Konzerns. Dass der automobile Individualverkehr auch angesichts rasant abnehmender Bewegungsmöglichkeiten auf den Strassen weiterhin attraktiv bleiben wird, wenn die richtigen Massnahmen ergriffen werden, zeigt *Horst Teltschik,* Mitglied des Vorstandes von BMW.

Für das Zustandekommen der Vortragsreihe ist das Institut seinen Mitgliedern, die unser Institut tragen, zu grossem Dank verpflichtet, ebenfalls den Sponsoren der jeweiligen Vorträge. Danken möchten wir auch der Universität Zürich und ihrem Rektor, der unsere Veranstaltungen immer unterstützt und dem Institut Gastrecht bei seinen Vorträgen gewährt.

Zürich, im November 1999

Prof. Dr. Dieter Ruloff
Delegierter des SIAF

DIETER RULOFF

EINLEITUNG: MARKT, WISSENSCHAFT UND TECHNOLOGIE ALS TRIEBKRÄFTE DER GLOBAL-GESELLSCHAFT

Drei Kräfte sind es, die zur Jahrhundert- und Jahrtausendwende die menschliche Gesellschaft voran katapultieren: Markt, Wissenschaft und Technologie. Wohin die Reise geht, können wir bestenfalls aus der Richtung erahnen. Gerade in den letzten zehn Jahren hat sich das Tempo der Entwicklung noch einmal enorm gesteigert. Dies hat zweifellos etwas mit dem epochalen Wandel auch der Politik in dieser Zeit zu tun. Historisch, so könnte man mit *Eric Hobsbawm*[1] argumentieren, begann das «kurze 20. Jahrhundert» erst 1914 und endete bereits vor 10 Jahren mit der Auflösung der Sowjetunion. Geprägt war es durch rigide ideologische Konfrontationen und drei grosse Kriege, den Ersten Weltkrieg, den Zweiten Weltkrieg und den Kalten Krieg. Bipolarität und Grossmachtkonflikt waren bis zum Umbruch von 1989/91 die wichtigsten Merkmale internationaler Politik. Mehrere Male eskalierte der Supermacht-Antagonismus bis an den Rand einer militärischen Katastrophe. Zwar wechselten Phasen intensiver Konfrontation mit Phasen relativer Entspannung ab. Immer jedoch dominierten Fragen militärischer Sicherheit die internationale Agenda. Erst auf dem Pariser Gipfeltreffen der Konferenz für Sicherheit und Zusammenarbeit in Europa (KSZE) im November 1990 wurde der Kalte Krieg mit der Charta von Paris offiziell für beendet erklärt.

Damit war freie Bahn für einen neue, gewaltige Dynamik, die man in der wissenschaftlichen Diskussion als die *Ökonomisie-*

---

1 Hobsbawm, Eric J. 1995: Das Zeitalter der Extreme: Weltgeschichte des 20. Jahrhunderts. München und Wien: Hanser.

rung der internationalen Politik bezeichnet. Nicht mehr Sicherheitsthemen rangieren jetzt zuoberst auf der internationalen Agenda, sondern Fragen der wirtschaftlichen Zusammenarbeit und der Gestaltung der internationalen Handels- und Finanzbeziehungen. Das «Schlachtfeld» ist heute der Markt. Geschäftsleute und nicht Soldaten werden an die «Front» geschickt. Es geht um die «Eroberung» von Marktanteilen und die Übernahme von Konkurrenten, nicht um territoriale Gewinne oder ideologische Konflikte. Wer geglaubt hatte, der Krieg, seit Heraklit der oft zitierte «Vater aller Dinge», sei allein in der Lage, neuen Technologien zum Durchbruch zu verhelfen – zuletzt in Form der strategischen Nuklearrüstung und der Raumfahrt – sieht sich eines Besseren belehrt: Markt und Massennachfrage können dies noch weit besser und auf den ersten Blick auch ohne jene Risiken, die der Rüstung immer innewohnten.

Ein übriges tat die neue Dynamik in der europäischen Einigung. Angesichts der beginnenden Entspannung zwischen Ost und West 1985 mit der Wahl Gorbatschows zum Generalsekretär der KPdSU nahm die Europäische Gemeinschaft einen Anlauf zur Überwindung ihrer Stagnation. Die Einheitliche Europäische Akte (EEA) von 1986 setzte neue politische Ziele; der Binnenmarkt (EG92) begann planmässig; der Maastrichter Vertrag brachte den Beginn des Umbaus der Gemeinschaft zu einer politischen Union mit dem nächsten grossen Ziel der Schaffung einer gemeinsamen Währung. Zu Beginn dieses Jahres wurde der Euro reibungslos eingeführt – selbst Optimisten hätten vor zehn Jahren nicht erwartet, dass dies im Kreis von immerhin 11 der 15 EU-Mitgliedstaaten geschehen würde. Es sei der «Handelsgeist, der mit dem Kriege nicht zusammen bestehen kann, und der früher oder später sich jedes Volks bemächtigt», schrieb Kant in seinem Traktat zum Ewigen Frieden. Es scheint, als ob sich der Handelsgeist nun tatsächlich der ganzen Welt bemächtigt habe.

Markt, Wissenschaft und Technologie

Drei Kräfte sind es, die nun die Welt vorantreiben: Markt, Wissenschaft und Technologie, und zwar in einer komplizierten Wechselwirkung. Definitorisch ist Technologie von Technik und naturwissenschaftlicher Forschung zu unterscheiden. Forschung produziert wissenschaftliche Einsichten; Technik (von griechisch τεχνικοσ, künstlich) setzt diese in systematische Verfahren der Auswertung und Ausnutzung natürlicher Stoffe und Kräfte um. In einer weiteren Bedeutung umfasst Technologie die Gesamtheit der technischen Kenntnisse, Fähigkeiten und Möglichkeiten eines Gebietes und gerät damit allerdings wieder in die Nähe des Technikbegriffs. Sinnvoller ist ein etwas engerer Technologiebegriff, der die ökonomische Rationalität industrieller Verwertung in den Vordergrund rückt: Technologie als Verfahren der Anwendung und Umsetzung von Techniken im Produktionsprozess. Damit ist klar, worum es geht: Technologie ist der Transmissionsriemen zwischen Wissenschaft einerseits und dem Markt andererseits, wobei der Markt selbst wiederum wissenschaftlich-technische Kenntnisse massenhaft in die Gesellschaft hinein wirken lässt und diese damit verändert.

In diesem Sinne ist Technologie zum Treibsatz sozialen, politischen und wirtschaftlichen Wandels geworden, wie nie vordem in der Geschichte der Menschheit, und dies vor allem bewog die Gremien des Instituts für Auslandforschung, einen Vortragszyklus zu diesem Thema in Auftrag zu geben. Was genau die Technologie beschleunigt und sich in exponentiellem Wachstum praktischer Anwendungen und ihrer massenhaften Verbreitung niederschlägt, ist immer noch nicht vollständig klar. Forschergeist, Erkenntnisinteresse oder endogen-naturwüchsige Triebkräfte sind wohl kaum allein verantwortlich. In der Antike war z.B. das technische Wissen zum Bau von Dampfmaschinen vorhanden, umgesetzt wurde dieses jedoch nicht, noch nicht einmal für militärische Zwecke – obschon der Krieg bereits damals manch anderen Innovationen zum Durchbruch verholfen hatte. Sicher ist hingegen, dass die gesellschaftlichen Randbedingungen eine wichtige Rolle spielen. Denn bedeutsam für das wachsende Tempo und den zunehmenden Umfang technologischer Innovation seit Beginn der Moderne ist zweifellos der Markt und die Massennachfrage auf ihm. Und ein Gedeihen der Marktwirtschaft auf lange Sicht setzt in jedem Falle Rechtssicherheit und funktionstüchtige politische Instanzen *(good governance)* voraus.

Gesellschaftliche Rahmenbedingungen sind also wohl für den Aufstieg von Markt und Technologie verantwortlich, aber die technologische Entwicklung ist inzwischen wohl dynamischer als die Gesellschaft selbst. Sie ist zumindest teilweise schneller als die Gesellschaft selbst, an dieser vielfach quasi vorbeigezogen. «Gemachtes überholt Gedachtes» (NZZ), wir alle laufen den technischen Errungenschaften mehr oder weniger hinterher. Überall ganz vorne dabei zu sein, ist zur Unmöglichkeit geworden. Das Resultat sind mitunter paradox anmutende Gleichzeitigkeiten von Ungleichzeitigem, vor allem in der Dritten Welt. Der Stammeskrieger mit der Luftabwehr-Lenkwaffe «Stinger» zwang in Afghanistan die Supermacht Sowjetunion in die Knie. Die Reden des Ajatollahs wurden auf Tonbandkassetten vertrieben, denn es wäre nur der kleinste Teil seiner Anhänger in der Lage gewesen, jene Reden zu lesen. Moderne Technologie wurde so zum Steigbügelhalter eines rückwärtsgewandten Regimes.

Allerdings darf auch die Fähigkeit der Gesellschaft, Technologie zu absorbieren und zu integrieren, nicht unterschätzt werden, wie das genannte Beispiel zeigt, gerade auch in Entwicklungsländern. Das Staunen vor dem Neuen und Fremden wird meist rasch überwunden und der Drang, diese Dinge zu besitzen und zu verwenden, obsiegt. Technologie beschleunigt Entwicklung, auch in den bereits entwickelten Gesellschaften. An der Technologie misst sich zwar die Kluft zwischen entwickelter und weniger entwickelter Welt, und mitunter wird diese durch neue Technologie noch akzentuiert; allerdings erlaubt Technologie den weniger Entwickelten zumindest in gewissem Masse auch, mit forciertem Tempo aufzuschliessen, also auf die entwicklungsgeschichtliche Überholspur zu wechseln. Singapur, zu Ende des Zweiten Weltkriegs grösster Slum Asiens, ist heute eines der innovativsten Länder überhaupt. Die Technisierung des Lebens sorgt für Zeitdruck, nimmt Zeit, aber mitunter gibt sie auch Zeit zurück.

Die Frage, ob Technologie das Leben verbessere, erleichtere oder komplizierter und gefährlicher mache, wird heftig diskutiert und dürfte nur von Fall zu Fall und nicht ganz generell zu beantworten sein. Das deutsche Nachrichtenmagazin «Der Spiegel» brachte im vorletzten Jahre eine Titelgeschichte zur «Überforderung des Menschen durch die Elektronik». Anderseits sind Bedienungserleichterungen auch bei komplizierten Geräten wie dem Personal Computer mit Händen zu greifen: Graphische Benutzeroberflächen in Verbindung mit *pointing devices* wie der «Maus» haben den Anspruch an den Umgang mit Software auf das Druckknopf-Niveau gesenkt. Vieles, was heute manchen noch kompliziert anmutet, wird morgen wie das Telephonieren selbstverständliche Kulturtechnik sein, die jedermann beherrscht. Die technischen Details zu durchschauen ist dabei nicht erforderlich; sie können Black Box bleiben. Die meisten automobilen Zeitgenossen durchschauen auch heute noch nicht die Logik des Verbrennungsmotors; an der Nutzung des Automobils hindert sie dies nicht.

Zwischen Technologiegläubigkeit und Technologiefeindlichkeit

Die Attitüden der Technologie gegenüber erstrecken sich über ein weites Spektrum, das von Abwehrreflexen und Technologiefeindlichkeit auf der einen bis zu Technologiegläubigkeit und technokratischem Optimismus auf der anderen Seite reicht. Dazwischen liegen Versuche der Vermittlung zwischen Technologie und Gesellschaft, etwa die Suche nach sozial- oder umweltverträglicher Absorption von Technologien, die Frage nach den Grenzen von Geschmack und den Barrieren der Ethik bei der technologischen Umsetzung wissenschaftlicher Einsichten oder Versuche zur Technologiefolgen-Abschätzung und Steuerung. Der Fokus technologiekritischer Analyse liegt üblicherweise auf dem, was man den *push*-Faktor nennen könnte: Der Druck der Technologie auf die Wirtschaft, alles zu übernehmen, zu implementieren und zu integrieren, was irgendwie komparative Vorteile verspricht; schliesslich befindet man sich im Wettlauf mit der Konkurrenz. In Produkte «verpackt» und über den Markt verteilt gelangt Technologie dann in die übrige Gesellschaft und entfaltet dort ihre Wirkung. Meist vergessen wird von Technologiekritikern aber der ebenso bedeutende *pull*-Faktor: Die vehemente Forderung an Forschung und Technik, Mittel und Lösungen zur Bewältigung drückender Probleme endlich bereit zu stellen (z.B. bei der Bekämpfung von Krankheiten).

Ob Technologie das Leben sicherer oder unsicherer mache, ist ebenfalls eine umstrittene Frage, die sich allerdings quantitativ beantworten lässt: Noch nie haben so viele Menschen in derartiger Sicherheit und in Wohlstand gelebt wie heute – wegen und nicht trotz Technologie. Die technologisch aufgerüstete Welt mag den Anschein der Störanfälligkeit besitzen – die Technologien zu ihrer Beseitigung sind jedoch meist mit kurzer Zeitverzögerung zur Stelle: Redundanzen, ständiges Monitoring, Qualitätskontrolle usw. haben so gut wie alles, vom operativen medizinischen Eingriff bis hin zur Luftfahrt, so sicher wie noch nie gemacht. Die subjektiven Eindrücke mögen dem angesichts grosstechnischer Risiken und täglicher Unfallmeldungen zwar widersprechen, die Zahlen sind jedoch eindeutig. Auch ein weiteres ist zu konstatieren: Technologischen Restrisiken ist der Mensch in der entwickelten Welt gegenüber unerbittlich: Sie sind gegen null zu bringen, werden heute in Tausendstel Promille gerechnet – etwa in der Medizinaltechnik. Man mag dies als panische Moderne (NZZ

1.7.96, S. 28) karikieren: Wer an nichts mehr glaube, müsse sich gegen alles versichern. Der Befund lässt sich aber auch umkehren, und dann stimmt es womöglich noch besser: Wer sich wie der moderne Mensch gegen alles versichern kann, Sicherheit wie selbstverständlich erwartet und sie auch noch geliefert erhält, braucht auch an nichts mehr zu glauben oder hat die Freiheit, sich in Glaubensfragen exzentrisch zu verhalten.

Zum vorliegenden Band

Keine Lösung der grossen, oben skizzierten Fragen, aber Einblicke und Zugänge sollte der Vortragszyklus des Instituts für Auslandforschung im Wintersemester 1998/99 liefern, dessen Beiträge in diesem Band abgedruckt sind. *Jürgen Mittelstrass,* Konstanzer Philosoph, macht im vorliegenden Band den Anfang mit einer Betrachtung zu Licht und Schatten in der Welt des technischen Verstandes. Der Technologiekritik hält er entgegen, dass die wissenschaftsgestützte moderne Welt nicht eine beliebige sei, sondern konsequentes Resultat des entwickelten Wesens des Menschen. Wir können nicht «zurück zur Natur», selbst wenn wir wollten; und würde es uns dennoch gelingen, so wäre die Menschheit schon bald wieder im Aufbruch in die technische Welt. Denn zur Lebensform des Menschen gehöre beides, sein rationales und sein technisches Wesen. Fatalismus sei dennoch nicht angebracht, sondern der einsichtige Versuch, die Entwicklung trotzt ihres enormen Tempos zu lenken, Schaden von der Menschheit abzuwenden und Chancen zur Besserung ihrer Lage zu nutzen. Eine Alternative dazu gebe es für die Menschheit bei genauer Betrachtung ohnehin nicht.

Vom Militär als Triebkraft technologischen Fortschritts ist seit Heraklit die Rede; die Gegenwart hält jedoch auch hier eine Innovation parat, nämlich die Umkehr der Beziehung, also den Export neuer Technologien – namentlich solcher aus dem Bereich der Datenverarbeitung und der Telekommunikation – in den Bereich des Militärischen. Den Streitkräften der entwickelten westlichen Länder hat dies nach Meinung von *Lawrence Freedman,* dem führenden Experten im Bereich des sogenannten *information warfare* vom Londoner King's College, eine geradezu dramatische Überlegenheit im Vergleich zum Militär weniger entwickelten Ländern gegeben. Der zweite Golfkrieg vom Frühjahr 1991 bot das Anschauungsmaterial dazu. Allerdings warnte Freedman in seinem Vortrag die westlichen Staaten vor der Illusion, in zukünftige Kriegen ihre massiv überlegene militärische Macht in kriegsentscheidender Weise bei minimaler Zerstörungswirkung einsetzen zu könne. Freedman hielt seinen Vortrag an der Universität Zürich im November 1998, also bevor der fatale Fachbegriff «Kollateralschaden» durch reichlichen Gebrauch der NATO-Öffentlichkeitsarbeiter Eingang in die Umgangssprache gefunden hatte. Der Kosovo-Feldzug der NATO ist der Beweis, dass Krieg auch im Informationszeitalter nur zum geringsten Teil in den virtuellen Räumen des Internet geführt wird, sondern wie eh und je auf dem Schlachtfeld mit den altbekannten Folgen riesiger Zerstörung und massenhaften Elends.

Wie Globalisierung, Innovation und Wandel zusammenhängen, zeigt *Gert Lorenz,* vormals Mitglied des Vorstandes im Philips-Konzern in seinem Beitrag am Beispiel der Mikroelektronik: Der Halbleiter ersetzte die Elektronenröhre, das Silizium dann das Germanium im Halbleiter, die integrierte Schaltung einzelne Transistoren, die Digitalisierung schliesslich die analogen Verfahren. Und jene jungen Konzerne, die diese neuen Verfahren entwickelten und verbreiteten, ersetzen die alten Unternehmen: Klassische Elektrokonzerne wie Siemens und Philips liegen in der Liste der grössten Unternehmen weltweit auf den hinteren Plätzen. Vorne liegen mit Microsoft, Intel und Cisco junge Unternehmen, die vor etwa einem bis zwei Jahrzehnten in der Garage ihrer Gründer begonnen hatten. Substitution ist die Kehrseite der Innovation, und der Markt der neuen Produkte ist die Welt.

Zusammenwachsende Weltmärkte verlangen nach gemeinsamen Regeln, etwa beim Schutz von Eigentumsrechten an Patenten, beim Wettbewerbsrecht, bei der Besteuerung elektronischen Handels *(e-commerce)* und vielem mehr. Die Staaten dieser Welt sind jedoch angesichts des Tempos der Entwicklung am Rande ihrer Regulierungskapazität. Um überhaupt mithalten könnte, so *Martin Bangemann,* bis zum Frühjahr 1999 der für Industrie und Technologie verantwortliche Kommissar der Europäischen Union, bedarf es völlig neuer, intelligenter Ansätze. Er zeigt in seinem Referat, wie die EU gemeinsam mit der Industrie Formen der Selbstregulierung implementiert und sich selbst dabei auf die Überwachung beschränkt. Man könne regional, vermutlich sogar global zu vernünftiger und «sparsamer» Regulierung kommen, wenn diese aus den unmittelbaren Problemen der Beteiligten erwachse, ihre Erfahrung berücksichtige und die Betroffenen in die Umsetzung mit einbeziehe.

Man hat die informationstechnologisch vernetzte, entwickelte Welt auch als Wissensgesellschaft *(knowledge society)* bezeichnet. Der Vermittlung von Wissen kommt also eine enorme Bedeutung zu. Allerdings steht es hierbei in den meisten Ländern nicht zum Besten. In den USA sind Mängel in den Primar- und Sekundarschulen offensichtlich, während die Universitäten Spitzenleistungen erbringen. In vielen europäischen Ländern ist es umgekehrt: Das Schulsystem funktioniert leidlich oder sogar gut, aber die Universitäten sind überfüllt und schlecht finanziert. Die alte *universitas* nach Humbold'schem Ideal ist am Ende. Massenandrang an die Hochschulen, Wissensexplosion und leere Staatskassen haben ihr die Betriebsgrundlage geraubt. Auswege aus der Misere zeigt *Lord Dearing* in seinem Beitrag. Dearing war Vorsitzender des *National Committee of Inquiry into Higher Education* (Dearing Committee), das im Auftrage der britischen Regierung und mit Unterstützung aller Parteien des Unterhauses das Bildungssystem des Landes untersucht und eine umfassende Liste von Reformen ausgearbeitet hat. In Reaktion darauf wurde von der britischen Regierung das ehrgeizige Programm des sog. *lifelong learning* initiiert. Dearing sieht keinen anderen Weg als eine kostendeckende Finanzierung der Hochschulen, an der sich die Studierenden angemessen zu beteiligen hätten. Allerdings wären ihnen die notwendigen Mittel dazu in Form von Darlehen vorzustrecken, wie dies in Grossbritannien bereits üblich ist. Auf längere Sicht jedoch führt gemäss Dearing kein Weg vorbei an einem Strukturwandel der Bildungsinstitutionen von einer Staatsaufgabe hin zu einem Geschäft, das möglichst international betrieben werden muss. Die USA, in denen Anleger bereits Geld in private Schulen und Universitäten investieren, weisen den Weg.

Nicht nur Datenverarbeitung und Telekommunikation befinden sich in einem rasanten Wandel, sondern auch herkömmliche Bereich der Industrie, etwa die Automobilindustrie. Dies zeigte *Ulrich Seiffert* mit einem in freier Rede gehaltenen, faszinierenden Referat. Den wichtigsten Teil seines Materials geben wir zusammen mit einem verbindenden Text, den Seiffert freundlicherweise verfasste, im vorliegenden Band wieder. Ulrich Seiffert sei ein «altgedienter Volkswagen-Mann», schrieb die Frankfurter Allgemein Zeitung anlässlich seines Rücktritts – mit 30 Jahren im Wolfsburger Unternehmen, von 1988 bis 1995 im Vorstand des Konzerns als Forschungs- und Entwicklungschef. Ihm verdankt Volkswagen massgebliche Impulse auf dem Weg vom Kleinwagenhersteller zum Technologie-Konzern. Seiffert zeigt, wie technischer Fortschritt zusammen mit Kundenwünschen, rechtlichem Umfeld und Kostenrahmen heute die Entwicklung eines Automobils beeinflussen. Ständige Innovation sei die Devise, wenn man auf den heutigen Märkten mithalten wolle.

Als Abschluss enthält der vorliegende Band einen Beitrag, der die Konklusion des ersten Referates von *Jürgen Mittelstrass* an einem konkreten Fall exemplifiziert: dass wir uns nämlich zur technologischen Kultur des Menschen in ein positives Verhältnis setzen müssen und sie besonnen zu steuern lernen sollten, weil nämlich ein «Zurück zur Natur» keine wirkliche Alternative ist. Das für solche Überlegungen geradezu prädestinierte Objekt ist nun kein anderes als das Automobil, gehätschelt und geschätzt von den einen, gehasst und bekämpft von den anderen. *Horst Teltschik,* der diese nicht ganz einfache Aufgabe in seinem Beitrag übernahm, ist seit 1993 Vorstandsmitglied der Bayerischen Motorenwerke (BMW). Er ist Mitbegründer der Initiative «Verkehrswirtschaftliche Energiestrategie» der damaligen deutschen Bundesregierung, an der die grössten deutschen Automobil- und Energiekonzerne teilnehmen, mit dem Ziel der Entwicklung innovativer Antriebskonzepte. Teltschik zeigt, dass eine Zukunft ohne Automobil in den entwickelten Staaten dieser Welt undenkbar ist und eine Politik, die dem Bürger das Automobil verteuern, verleiden oder ganz wegnehmen wollte, zum Scheitern verurteilt wäre. Der *Homo sapiens* sei auch ein *homo movens;* individuelle Mobilität bleibe ein Erlebnis von Freiheit, auch wenn dieses immer öfter im Stau ersticke. Auch dürfe nicht vergessen werden, dass die Automobilindustrie ein Wirtschaftsfaktor ersten Ranges ist; in Deutschland trägt sie 20% zur Wertschöpfung bei, was zur Zeit vermutlich immer noch etwa das Vierfache dessen ist, was die neuen Informationstechnologien zum Bruttosozialprodukt in den entwickelten Volkswirtschaften beisteuern. Teltschik sieht drei Strategien einer Verhinderung des Zusammenbruchs der mobilen Gesellschaft unter der Last ihres immer weiter wachsenden Verkehrsaufkommens: Verkehrsvermeidung, Verkehrsverlagerung und verträgliche Verkehrsabwicklung. Keine dieser drei Strategien sei bislang auch nur annähernd ausgeschöpft. Allerdings biete auch keine dieser drei Strategien allein und für sich eine Patentlösung. Die Baustoffe der Zukunft auch für den Verkehr seien Phantasie und Kreativität, technologische Innovation und Ingenieurskunst.

Weitere Themen und viele Fragen

Bei weitem nicht alle Themen, die für den Zusammenhang von technologischem Wandel und gesellschaftlichem Umfeld von Relevanz wären, konnten im vorliegenden Band angesprochen werden. Bedeutsame Umwälzungen sind im Bereich der Energieversorgung im Gange. Die Strommärkte in Europa werden liberalisiert. Die Nuklearenergie ist wohl nicht technologisch, aber politisch und betriebswirtschaftlich am Ende; sie ist zu teuer und gesellschaftlich nicht länger akzeptabel. Wir haben hier ein Beispiel dafür, dass sich moderne Technologie nicht in jedem Falle quasi naturwüchsig durchsetzt. Ein weiteres interessantes Feld ist die Raumfahrt, deren ehrgeizigste Projekte noch immer mit Steuergeldern finanziert werden müssen. Die Menschheit lässt sich den Blick in die unendlichen Weiten des Weltraums etwas kosten, obschon sich das ganze kommerziell nicht rechnet und Raumfahrt, die diesen Namen zu Recht tragen würde, auf absehbare Zeit hin wohl ein ferner Traum bleibt.

Ebenfalls nur in dieser Einleitung kann das Thema Biotechnologie und High-Tech-Medizin erwähnt werden. Bei der sogenannten High-Tech-Medizin geht es um Diagnosen und Therapien, die zunehmend von technischen Entwicklungen durchdrungen und beherrscht wird. Wer die moderne Medizin verstehen will, muss ihre Geräte kennen. High-Tech-Geräte verfügen über ein «eingebautes» Wissen, für das nicht allein Ärzte, sondern auch Informatiker, Ingenieure, Naturwissenschaftler und Repräsentanten der entsprechenden Industrieunternehmen verantwortlich zeichnen. Dabei sind es vor allem drei Schlüsseltechnologien, die hier wichtig werden, nämlich erstens die Biophysik einschliesslich der experimentellen Chirurgie, zweitens die Molekularbiologie und drittens die Informatik. High-Tech-Medizin kann vieles vollbringen. Es stellt sich allerdings die enorm schwierige ethische Frage, wann ihr Einsatz gemäss hippokratischem Eid notwendig ist und wo das Experiment am Menschen aus wissenschaftlichem Interesse enden muss. Gemeinsam ist aller High-Tech-Medizin, dass sie teuer ist und bei exzessivem Einsatz die Gesundheitsstrukturen auch reicher Staaten enorm strapazieren dürfte. Unter diesem Blickwinkel stellt sich dann wiederum die ethische Frage, wer in den Genuss dieser Medizin kommen soll und wer nicht. Ebenfalls ethische Fragen von enormer Tragweite wirft die Reproduktionsmedizin auf, d.h. die Reproduktion identischen (auch menschlichen) Lebens. Die Frage, wo hier die Grenzen verlaufen und wie deren Beachtung international durchgesetzt werden soll, ist weitgehend noch unbeantwortet.

Am Rande wird in verschiedenen Beiträgen dieses Bandes auch nur die Umweltproblematik angesprochen. Natürlich schädigt Technologie und ihre massenhafte Verbreitung die Umwelt, sehr sichtbar z.B. beim Individualverkehr. Anderseits erlebt gerade die Umwelttechnologie einen enormen Aufschwung. «Grüne» Technologie wird zunehmend nicht nur zu einem bedeutenden Wirtschaftsfaktor. Ihr gelingt es auch vermehrt, Umweltprobleme zu entschärfen, wie dies die Umstellung auf FCKW-freie Produkte zeigt. Beim Recycling sind enorme Fortschritte zu verzeichnen; regenerierbare Rohstoffe nehmen an Bedeutung zu. Anderseits ist abzusehen, dass dies alles wohl doch nicht ausreichen wird, um schädliche Trends zu bremsen oder gar umzukehren. Verhaltensänderungen in der Masse der Konsumenten dürfte in vielen Bereichen nicht zu umgehen sein. Fortschritte sind allerdings gemacht worden, auch international. Die Kyoto-Konferenz hat gezeigt, dass die internationale Gemeinschaft einschliesslich auch der USA bereit ist, in Sachen Treibhausproblematik Massnahmen zu ergreifen. Aus dem Blickwinkel des Politologen erstaunt allerdings das Vertrauen aller Beteiligten in die Steuerungskapazität und die Umsetzungsfähigkeit von Beschlüssen durch jene beteiligten Staaten, die das Schlussdokument unterschrieben haben, als ob sich der Ausstoss von CO_2 hinreichend effizient und effektiv staatlich regulieren liesse. Dies ist natürlich nicht oder zumindest nicht in dem notwendigen Ausmasse der Fall.

Der rasante Fortschritt der Wissenschaft, der wachsende globale Markt und die Innovationen der Technologie als Transmissionsriemen zwischen beiden Bereichen treiben die Menschheit voran. Längst nicht alle kommen in ihren Genuss, aber immer mehr. Wo dieser Prozess enden wird, ob die Entwicklung von Technologie und Gesellschaft überhaupt ein Ende haben wird und welches dies sein könnte, ist nicht absehbar. Die Welt als physikalisches System ist endlich, da gibt es Grenzen. Aber erreicht sind diese lange noch nicht. Wenn man überhaupt Prognosen wagen will, so befindet man sich wohl mit dieser auf der sicheren Seite: Das kommende Jahrhundert wird im Zeichen rasanten technologischen Wandels stehen.

Jürgen Mittelstrass

Zwischen Prometheus und Kassandra

Licht und Dunkel in der Welt des technischen Verstandes*

1 Mythen und Ängste

Daidalos, Schutzpatron der athenischen Handwerker, flieht, nachdem er aus Neid Taros, der die Säge erfand, getötet hatte, nach Kreta, stattet dort Ariadne mit einem Wollknäuel aus, das Theseus aus dem Labyrinth führen wird, und flieht erneut mit seinem Sohn Ikaros, diesmal auf dem Luftwege, aus dem von ihm selbst erfundenen Labyrinth, in das ihn König Minos zur Strafe dafür gesperrt hatte, dass er für dessen Frau Pasiphae eine hölzerne Kuh zur Befriedigung ihres unnatürlichen Verlangens nach einer Vereinigung mit dem Stier des Poseidon gebaut hatte. Mit Federn, Fäden und Wachs hatte er künstliche Flügel für sich und seinen Sohn hergestellt. Ikaros, der der Sonne zu nahe kommt, stürzt in das nach ihm benannte Ikarische Meer.

In diesem Mythos erzählen die Griechen nicht nur von der menschlichen Sehnsucht, es den Vögeln gleichzutun, sondern auch von der Macht des Menschen, sich mit seinem handwerklichen und technischen Verstand über die Natur zu erheben – natürlich, wie das Schicksal des Ikaros zeigt, mit wenig Fortune. Technik, die an die Stelle der Natur tritt bzw. diese überlistet, ist nicht nur Triumph, sondern auch Frevel. Die Ordnung der Natur, die nun einmal keine fliegenden Menschen vorsieht, ist gestört; sie wird durch die Natur wieder hergestellt. *Homo faber* – der Mensch als

---

* Gekürzte und leicht veränderte Fassung von: Die Angst und das Wissen – oder was leistet die Technikfolgenabschätzung?,erscheint in: A. Gethmann-Siefert/C. F. Gethmann (Eds.), Philosophie und Technik, München 2000.

Handwerker und Techniker – wird zum Symbol des Menschen, der zwischen der Natur und den Göttern steht, als Teil der unsterblichen Natur und als sterblicher Gott, triumphierend und scheiternd zugleich. Prometheus, der den Menschen das ‹göttliche› Feuer brachte und von den Göttern zur Strafe an einen Fels geschmiedet wurde, ist ein weiteres griechisches Beispiel für die mythische Vorstellung, dass alles, was den Menschen aus seiner Natürlichkeit führt, Hybris ist. Der Mensch in der Vorstellung der griechischen Kultur zahlt teuer dafür, dass er Verstand und (kunstfertige) Hände hat.

Dasselbe gilt für die Welt, die sich homo faber geschaffen hat. Mythische Ängste, die zunächst den Umgang des Menschen mit seinen handwerklichen und technischen Fähigkeiten begleiten, weichen allmählich sehr konkreten Ängsten. Die Kritik an einer vom Menschen in die Hand genommenen Welt ist dabei so alt wie diese Welt selbst. Ein beredtes Zeugnis dafür sind z.B. Georg Agricolas Einwände Mitte des 16. Jahrhunderts gegen den Bergbau: «Durch das Schürfen nach Erz werden die Felder verwüstet (...). Wälder und Haine werden umgehauen; denn man bedarf zahlloser Hölzer für die Gebäude und das Gezeug, sowie um die Erze zu schmelzen. (...) Die Erze werden gewaschen; durch dieses Waschen aber werden, weil es die Bäche und Flüsse vergiftet, die Fische entweder aus ihnen vertrieben oder getötet. (...) so ist es vor aller Augen klar, dass bei dem Schürfen mehr Schaden entsteht, als in den Erzen, die durch den Bergbau gewonnen werden, Nutzen liegt.»[1] Der Bergbau steht dabei allgemein für das Übel, das auf den Menschen wartet, wenn er natürliche Ordnungen stört: «Da (...) die Natur die Metalle weit in die Tiefe versteckt hat, und da sie für die Bedürfnisse des Lebens nicht nötig sind, so sind sie gerade von den besten Menschen verachtet und verschmäht worden, und darum dürfen sie nicht ausgegraben

1 G. Agricola, De Re Metallica Libri XII / Zwölf Bücher vom Berg- und Hüttenwesen, Düsseldorf 1977, 6. Vgl. R. P. Sieferle, Wege aus der Krise? Alte und neue Muster der Technikkritik, Frankfurt 1987 (Verband der Chemischen Industrie e.V.), 4ff.

werden.»[2] Im 19. und 20. Jahrhundert meldet sich dann eine Wissenschafts- und Technikkritik anderer Art, allerdings – das sei gleich hinzugefügt – in einer so marginalen Rolle, dass es schon eines gewaltigen ideologischen Vergrösserungsglases bedarf, um aus ihr eine wirkliche Anfechtung von Wissenschaft und Technik zu machen.

Das gilt vor allem von dem wohl beliebtesten und vielzitierten Beispiel, der Angst vor der Eisenbahn. Hier wird stets das Gutachten eines Königlich Bayerischen Obermedizinalkollegiums aus dem Jahre 1835 angeführt, z.B. in der Version: «Ortsveränderungen mittels irgendeiner Art von Dampfmaschinen sollten im Interesse der öffentlichen Gesundheit verboten sein. Die raschen Bewegungen können nicht verfehlen, bei den Passagieren die geistige Unruhe, ‹delirium furiosum› genannt, hervorzurufen. Selbst zugegeben, dass Reisende sich freiwillig der Gefahr aussetzen, muss der Staat wenigstens die Zuschauer beschützen, denn der Anblick einer Lokomotive, die in voller Schnelligkeit dahinrast, genügt, diese schreckliche Krankheit zu erzeugen. Es ist daher unumgänglich nötig, dass eine Schranke, wenigstens sechs Fuss hoch, auf beiden Seiten der Bahn errichtet werde.»[3] Dieses Gutachten hat es vermutlich nie gegeben, wohl aber die Bedenken eines ‹Heilkünstlers zweiter Ordnung›, von denen 1885 in einer Festschrift zum 50jährigen Bestehen der Eisenbahn berichtet wird.[4]

Technikkritik in dieser Form, von Fall zu Fall auch Technikfeindschaft, begleitet den Prozess der Technisierung gesellschaftlicher Verhältnisse von Anfang an, aber, wie gesagt, eher am Rande, anekdotenhaft und immer der Karikatur nahe. Das kommt z.B.

---

2 A.a.O., 9.

3 Zitiert nach W. Pöls (Ed.), Deutsche Sozialgeschichte. Dokumente und Skizzen I (1815–1870), München [2]1976, 371. Vgl. dazu und zur Leidensgeschichte der Eisenbahn R. P. Sieferle, Fortschrittsfeinde? Opposition gegen Technik und Industrie von der Romantik bis zur Gegenwart, München 1984, 87-117.

4 Vgl. R. P. Sieferle, a.a.O., 89.

auch in einem Bericht über Widerstände zum Ausdruck, auf die 1824 die Aufstellung einer dampfgetriebenen Druckmaschine bei der «Augsburger Allgemeinen Zeitung» traf: «Der Chefredakteur war ein vorsichtiger Mann und wusste seine Gefühle zu verbergen; aber der zweite Redakteur erklärte, lieber künftig unter freiem Himmel zu schreiben als mit der Dampfmaschine unter einem Dache. Der Hausknecht kündigte: sein Leben sei ihm lieber, und er habe für Frau und Kinder zu sorgen. Vorsichtige Leute passierten nicht mehr die Strasse.»[5] Phantasien und Träume, die zu den Köstlichkeiten unserer Existenz gehören, beflügeln eben nicht nur das Gemüt, z.B. das dichterische und das philosophische, sondern auch die Instinkte, unter deren Führung aus Phantasien und Träumen häufig Phantasmagorien und Alpträume werden, und wo nicht diese, so doch Missmut und gesellschaftliche Ressentiments.

Als Beispiel dafür mögen die Überlegungen des preussischen Konservativen Joseph Maria von Radowitz zum Verlust der ‹Wahlfreiheit› beim Reisen mit der Eisenbahn dienen, und zwar: «1. Hinsichtlich des Momentes der Abreise; man muss sich an die festgestellten Stunden binden. 2. Hinsichtlich des Weges; man konnte sonst in der Regel auf mehr als einem Wege die Reise machen, Abwechselung suchen. 3. Hinsichtlich der Geschwindigkeit; man konnte sonst langsamer oder schneller reisen, je nachdem man es wünschte und bedurfte. 4. Hinsichtlich der Art der Reise; man konnte sonst gehen, reiten, fahren auf zehn verschiedene Weisen, jetzt immer nur in derselben Manier. 5. Hinsichtlich der Gesellschaft; man suchte sonst die Reisegesellschaft wie man wollte, jetzt wird man unwandelbar an diejenigen gebunden, die man findet. Die Eisenbahnen vernichten also das eigentliche Reisen, das nicht blos das Erreichen eines bestimmten Zieles, sondern den Weg selbst zum Zwecke hatte. Und auch die blosse Zurücklegung dieses Weges verwandelt sich aus einem freien Acte

5 Zitiert nach F. Schnabel, Deutsche Geschichte im 19. Jahrhundert III (Erfahrungswissenschaften und Technik), Freiburg [3]1954, 290f.. Bei R. P. Sieferle, a.a.O., 63.

in eine sklavische Leistung. Man hört für die Dauer eines solchen Transports auf Person zu seyn und wird Sache, Frachtgut.»[6]

Mit derartigen Ressentiments hatte die Einführung der Elektrizität, z.B. mit dem Palast der Elektrizität 1900 auf der Pariser Weltausstellung stürmisch gefeiert, nicht zu kämpfen[7], und die Einführung des Automobils – sieht man von Beispielen wie etwa den durch Volksabstimmungen in Graubünden zwischen 1900 und 1925 herbeigeführten Automobilverboten auf öffentlichen Strassen ab[8] – auch nicht. Ganz anders hingegen die konservative Kulturkritik, die etwa zum gleichen Zeitpunkt auftritt und den vermeintlichen Niedergang der Kultur mit dem Anfang der Technik bzw. (im deutschen Kulturrahmen) mit dem Fortgang der Zivilisation verbindet. Ludwig Klages, 1913 an die Anhänger der deutschen Jugendbewegung gerichtet: «Eine Verwüstungsorgie ohnegleichen hat die Menschheit ergriffen, die ‹Zivilisation› trägt die Züge entfesselter Mordsucht, und die Fülle der Erde verdorrt vor ihrem giftigen Anhauch. (…) Zerrissen ist der Zusammenhang zwischen Menschenschöpfung und Erde, vernichtet für Jahrhunderte, wenn nicht für immer, das Urlied der Landschaft. (…) Unter den Vorwänden von ‹Nutzen›, ‹wirtschaftlicher Entwicklung›, ‹Kultur› geht es in Wahrheit auf *Vernichtung des Lebens* aus. (…) So hätten wir denn beisammen die Früchte des ‹Fortschritts›! Wie ein fressendes Feuer fegte er über die Erde hin, und wo er die Stätte einmal gründlich kahl gebrannt, da gedeiht nichts mehr». Es bleibt «ein mürrischkalter Arbeitstag, mit dem falschen Flitter lärmender ‹Vergnügungen› angetan. Kein Zweifel, wir stehen im Zeitalter des *Unterganges der Seele.*»[9]

6 J. M. v. Radowitz, Eisenbahnen [1845], in: ders., Gesammelte Schriften V, Berlin 1853, 339f.. Vgl. M. Riedel, Vom Biedermeier zum Maschinenzeitalter. Zur Kulturgeschichte der ersten Eisenbahnen in Deutschland, Archiv für Kulturgeschichte 43 (1961), 100-123, hier: 119–120.

7 Vgl. W. Schivelbusch, Lichtblicke. Zur Geschichte der künstlichen Helligkeit im 19. Jahrhundert, München/Wien 1983.

8 Vgl. W. Sachs, Die Liebe zum Automobil. Ein Rückblick in die Geschichte unserer Wünsche, Reinbek b. Hamburg 1984, 31–34.

9 L. Klages, Mensch und Erde [1913], in: ders., Mensch und Erde. Zehn Abhandlungen, Stuttgart 1956, 8ff.

Solche Worte muten ungemein aktuell an, auch wenn sie vom Ressentiment einer bürgerlichen Gesellschaft zeugen, die erfolglos ihre vorindustriellen Werte aus der Dynamik der Industrialisierung und damit aus der modernen Welt herauszuhalten sucht. Seele und moderne Welt scheinen nicht mehr zusammenzupassen. Die moderne Welt geht weiter, die Seele wendet sich um – wie bei Caspar David Friedrich der Wanderer über dem Nebelmeer (um 1818), der in eine archaische Naturwelt blickt und der Welt, wie sie ist, den Rücken kehrt. Romantik oder Untergang (der Seele) in einer von Wissenschaft und Technik beherrschten Welt scheinen die verbleibende Alternative zu sein. Oder anders ausgedrückt: Seit der Mensch sich der Natur bemächtigt hat und diese auf technischen Wegen verändert, hat er Angst. Deswegen tritt auch Kassandra an die Seite des Prometheus. Kassandra, Tochter des Priamos und der Hekabe, die sich Apollon verweigerte und deren Schicksal es seither ist, drohendes Unheil zu künden und dabei unter den Menschen keinen Glauben zu finden. Auch in der modernen Welt regt sich, paradox genug, der archaische Geist. Der Streit zwischen Prometheus und Kassandra wird zum Gleichnis einer Welt, die in ihrer Selbstwahrnehmung alles Mythische längst hinter sich gelassen hat. Und damit (endlich) zum eigentlichen Stichwort dieses Beitrags, der Welt des technischen Verstandes.

2 Die moderne Welt als Homo-Faber-Welt oder Leonardo-Welt

Mythen stabilisieren Lebensformen, die noch nicht oder nicht mehr rational sind, in denen das Rationale, wenn es denn existiert, seine Reflexivität verliert, selbst noch einmal archaisch wird (Beispiele wären Orwells Welt und die Welt radikaler Ökologen, wenn diese meinen, Elemente, Pflanzen, Tiere seien unseresgleichen und wir ihresgleichen). Ist unsere Welt, wenn sie etwa Natur gross und Kultur klein zu schreiben beginnt, auf dem Wege in ein archaisches Missverständnis? Wohl nicht, aber die derzeitigen Schwierigkeiten, mit Wissenschafts- und Technikfolgen – und diese sind schliesslich nur eine besondere Form von Handlungsfolgen – vernünftig fertigzuwerden, sind ein Indiz dafür, dass die ‹technischen› Lebensformen des Menschen ihre Selbstverständlichkeit und ihren begründeten Charakter verlieren. Schauen wir uns diese Lebensformen und die Welt, in denen sie sich zum Ausdruck bringen, einmal ein wenig genauer an.

Motor der modernen Welt, unserer Welt, ist der wissenschaftliche und der technische Fortschritt. In dieser Feststellung sind sich die Technikfreunde und die Technikgegner, ferner die Fortschrittsfreunde und die Fortschrittsgegner einig. Das gleiche gilt für die Wissenschaftsfreunde und Wissenschaftsgegner. In ihrer technischen Form bildet die moderne Welt ihr unverwechselbares Profil und ein *Können* aus, das alle ihre Rationalitäten wesentlich bestimmt, aber auch ein *Wissen,* das in Form des wissenschaftlichen Wissens diesem Können seine dauerhafte Überlegenheit verleiht. Rationale Kulturen, wie sie die modernen, entwickelten Gesellschaften heute darstellen, sind wissenschaftsgestützte technische Kulturen, und als solche sind sie das Produkt des rationalen und des technischen Wesens des Menschen.

Mit dem *rationalen* Wesen des Menschen meine ich, dass der Mensch das Wesen ist, das sich Wissen schafft und in seiner Lebensform auf Wissen angewiesen ist. Wissensbildungsprozesse sind dem Menschen nicht äusserlich und nicht zufällig. Sie sind vielmehr die Weise, in der sich der Mensch *orientiert* – in Alltagsform wie in Wissenschaftsform. Wissen und Tun hängen zusammen; das Wissen begleitet das Tun und bestimmt es. Wo das (eigene) Wissen fehlt, wird der Mensch orientierungslos oder von fremdem Wissen abhängig. Er gehört in diesem Falle nicht sich selbst, weil ihm seine Orientierungen nicht gehören. Orientierungen sind dabei nicht nur der sich auskennende Umgang mit Gegenständen und deren Beziehungen untereinander, sondern auch deren deutende und erklärende Aneignung. Was man gemeinhin als Neugierde beschreibt, die der Anfang und der Motor allen Wissens sei, ist mehr: es ist die Begründung der Orientierung im rationalen Wesen des Menschen.

Neben das rationale Wesen des Menschen, das sich im Wissen und seinen Orientierungen zum Ausdruck bringt, tritt sein *technisches* Wesen. Der Mensch ist nicht nur das Wesen, das sich Wissen schafft und in seinen Lebensformen auf Wissen angewiesen ist, sondern auch das Wesen, das sich Werkzeuge schafft und auf Werkzeuge angewiesen ist. Schon der griechische Naturphilosoph Anaxagoras sagte, dass der Mensch das klügste Wesen ist, «weil er Hände hat»[10] – ein Satz, der von Aristoteles zugunsten des rationalen Wesens des Menschen umgekehrt wird: Es ist die Klugheit des Menschen, der er seine Hände verdankt.[11] Beide haben recht. Hände hat nur ein kluges Wesen, und in den Händen liegt ein gut Stück Klugheit des Menschen. Gemeint ist seine technische Klugheit, seine technische Rationalität. In seiner technischen Rationalität erweitert der Mensch seine Organe, über die er mit der Welt verbunden ist, um weitere, ‹künstliche› Organe. Die Hand, selbst ein Werkzeug, schafft weitere Werkzeuge. Technik ist ein Teil des Menschen, mit dem dieser aus der nichtmenschlichen Natur heraustritt. Ein für allemal. Ein Zurück gibt es nicht mehr, wie wir noch sehen werden. Dabei macht Technik nicht nur wett, was fehlt, indem sie die Natur des Menschen ‹vervollständigt›. Sie bildet auch eigene Gesetze aus, gewinnt eine eigene Rationalität, erzeugt eine neue Natur. Das gesellschaftliche Produkt dieser konstruktiven Kraft, ebenso wie der zuvor genannten rationalen Kraft, ist die moderne Welt.

Dabei gibt es eine eigentümliche Dialektik, ein eigentümliches Aufeinanderangewiesensein beider Kräfte, das sich schon in der kleinen Meinungsverschiedenheit zwischen Anaxagoras und Ari-

10 Arist., de part. an. Δ10.687a7–9.
11 Arist., de part. an. Δ10.687a9–10.

stoteles über die Hände spiegelt: Liegt im Wissen das Wesen der Technik oder in der Technik das Wesen des Wissens? Oder was war zuerst da: das rationale oder das technische Wesen des Menschen? Diese Frage aber macht keinen rechten Sinn. Sie sucht homo sapiens (den ‹vernünftigen› Menschen) gegen homo faber (den ‹technischen› Menschen) auszuspielen und übersieht, dass wir es hier mit einem eigentümlichen Doppelaspekt zu tun haben, in dem sich das Wesen des Menschen und seiner Welt entfaltet. Zur Lebensform des Menschen gehört eben – ohne dass diese damit schon erschöpfend beschrieben wäre – beides: sein rationales und sein technisches Wesen. Oder anders ausgedrückt: Das rationale Wesen des Menschen bringt auch sein technisches Wesen zum Ausdruck und umgekehrt. Noch einmal: Hände hat nur ein kluges Wesen und in den Händen liegt ein gut Stück Klugheit des Menschen beschlossen. Wenn das eigentümliche Wesen des Menschen in seinen rationalen und seinen technischen Fähigkeiten liegt, dann lässt sich auch das eine nicht auf das andere reduzieren. Überhaupt: Jeder Reduktionismus, der den Menschen einfach macht, ist falsch, also auch dieser. Nicht homo sapiens oder homo faber ist der wahre Mensch. Der Mensch ist vielmehr – neben vielem anderen – immer beides, homo sapiens und homo faber, d.h., er ist ein Wesen, das im Wissen seine Orientierung sucht, und ein Wesen, das sich darin selbst und seine Welt macht.

Die moderne Welt, die eine wissenschaftsgestützte technische Welt ist, ist daher auch nicht eine beliebige, eine von vielen möglichen Welten; sie ist vielmehr ein konsequentes Resultat des entwickelten Wesens des Menschen. Wissenschaftliche und technische Rationalitäten machen den Menschen zu einem *rationalen Subjekt* und seine Welt zu einer *rationalen Welt.* Zugleich liegt in der Deutung des Menschen als eines rationalen und technischen Wesens die Legitimation der modernen Welt beschlossen. Wohin wir in dieser Welt auch gehen, der erkennende, der wirtschaftende, der bauende und der verwaltende, allerdings auch der zerstörende Verstand war immer schon da. In ihren ‹technischen› Strukturen gibt sich die Welt als das Produkt, als das Werk des Menschen zu erkennen. Eine solche Welt nenne ich die *Leonardo-Welt,* nach dem grossen Ingenieur, Baumeister, Wissenschaftler und Künstler Leonardo da Vinci. Es ist eine Welt, in der sich das rationale und das technische Wesen des Menschen, in der sich die Verfügungsgewalt des Menschen, gestützt auf den wissenschaftlichen und den technologischen Verstand, eindrucksvoll zum Ausdruck bringen. Der moderne Mensch macht sich seine Welt – wie sich schon Daidalos seine Welt zu machen suchte und dabei an die Grenzen einer mythischen Welt stiess. Zugleich begegnet er sich in seinen eigenen Werken, und er wird Teil seines eigenen Werkes. Dazu drei kurze Beispiele:

1. Beispiel *Natur:* Mit der Menschwerdung des Menschen ist von Anfang an die Kulturwerdung der Natur verbunden. Eine ‹unberührte› Natur hat es in der Umwelt des Menschen nie gegeben. Rodend, brennend, jagend, Furchen ziehend, Wasser umlenkend, die Erde nach Bodenschätzen durchwühlend, Müll produzierend, mit anderen Worten: natürliche Ressourcen verbrauchend, verändernd und substituierend machte der Mensch immer schon seine Umwelt zu einer *Kultur-Natur.* Er greift in die Evolution seiner Umwelt ein, verändert sie, lenkt sie, macht sie sich zunutze. Die Umwelt des Menschen wird zum Menschenwerk.

2. Beispiel *Gesellschaft:* Moderne Gesellschaften sind in einem Masse von Wissenschaft und Technik abhängig geworden, dass jede Veränderung im Wissenschafts- und Techniksystem unmittelbar ihre Grundlagen berührt. Das gilt sowohl hinsichtlich der Existenz eines wissenschaflich-technischen Fortschritts als auch hinsichtlich dessen möglichen Ausbleibens. Besonders deutlich ist dies im Ernährungs-, Gesundheits- und Energiesektor. Ohne Wissenschaft und Technik geht hier nichts mehr, ohne neue Energien der Wissenschaft und der Technik gehen auch der Welt die Energien aus. Das gleiche gilt für den Informationssektor, den Ver-

kehrssektor und alles andere, was diese Welt als Leonardo-Welt kenntlich macht.

3. Beispiel *Mensch:* Was für die moderne Gesellschaft im allgemeinen gilt, gilt auch für den modernen Menschen. Wissenschaft und Technik beginnen ihn selbst als potentielle neue Leonardo-Welt zu erkennen und in Anspruch zu nehmen. Wir gewöhnen uns allmählich an das wachsende Können der Reproduktionsmedizin, und wir gewöhnen uns allmählich an den Gedanken – Stichwort Gentechnik –, dass sich die Natur des Menschen ebenso verändern lässt wie die physische und die gesellschaftliche Welt. Wie die physische und die gesellschaftliche Welt wird auch der Mensch mehr und mehr zu einem Artefakt. Er hat, weitaus konsequenter als dies frühere Gesellschaften taten, seine Evolution in die eigene, wissenschaftliche und technische Hand genommen.

Die Beispiele zeigen, dass die Leonardo-Welt wächst und dass Wissenschaft und Technik ihr Motor sind. Hinter der diesen Umstand heute beschreibenden Formel vom *technologischen Wandel* steht eine unbestreitbare Wirklichkeit, die Wirklichkeit einer Leonardo-Welt.

3 Die Interdependenz von Wissenschaft und Technik

Nach einer auch heute noch üblichen Vorstellung ist Wissenschaft *Grundlagenforschung* und Technik *Anwendung.* Die eine (Wissenschaft) herrscht über die andere (Technik), die selbst wiederum zunehmend in der Gesellschaft oder über die Gesellschaft herrscht. Diese Vorstellung aber erfasst die Wirklichkeit einer Leonardo-Welt immer weniger. Das Verhältnis von Wissenschaft und Technik ist nicht einfach, und entsprechende Entwicklungen setzten früh ein, z.B. mit der Erfindung des Teleskops. Ohne den Einsatz dieser neuartigen optischen Technik wäre die Durchsetzung der neuzeitlichen Naturwissenschaft schon bei Galilei nicht möglich gewesen.

Der gleiche Aspekt zeigt sich heute am Beispiel der Satellitentechnologie. Man denke nur an den überaus erfolgreichen Flug der Raumsonde Voyager 2. Diese lieferte 1989 die ersten detaillierten Bilder und die ersten an Ort und Stelle aufgenommenen Messwerte vom Planeten Uranus. Nicht zu Unrecht hiess es von wissenschaftlicher Seite, dass Voyager 2 uns einen grösseren Wissenszuwachs über die äusseren Planeten verschafft hat als die gesamte beobachtende Astronomie zuvor. Auch hier ist also die Wissenschaft durch neuartige Technologien entscheidend vorangetrieben worden. Und das gilt nicht nur bei der Erforschung grosser und weit entfernter Objekte, sondern auch umgekehrt bei der Untersuchung dessen, was verborgen vor unseren Augen liegt. So spielen in der Physik, ebenso wie in der Biologie, technische Hilfsmittel bei der Erforschung submikroskopisch kleiner Gebilde eine entscheidende Rolle. Hier denke man z.B. an die Physik der Elementarteilchen, deren Beobachtungsgrundlage vielfach erst durch Teilchenbeschleuniger geschaffen wird. Ohne ausgereifte Technologien für die Herstellung supraleitender Magnete und entsprechend die Erzeugung von Magnetfeldern grosser Stärke und ohne ausgefeilte Techniken zur Fokussierung von Partikelstrahlen wären Elementarteilchentheorien mit der Erfahrung nicht konfrontierbar. Die Technik verschafft der Wissenschaft erst die relevanten Daten.

Hinzu tritt der Gesichtspunkt der Beherrschung von Komplexität. So nimmt die Komplexität von Daten und wissenschaftlichen Theorien häufig ein solches Ausmass an, dass es nur noch Rechner möglich machen, relevante Informationen aus dem vorliegenden Material zu entnehmen. Z.B. haben einzelne Theorien in der Physik inzwischen einen solchen Komplexitätsgrad erreicht, dass man nur noch mit Hilfe eines Rechners ermitteln kann, welche Aussagen sie eigentlich enthalten. Ein Beispiel dafür ist das sogenannte ‹Quark-Confinement›, nämlich die Besonderheit, dass Quarks (das sind elementarste Bestandteile der Materie) niemals isoliert, sondern immer in Gruppen auftreten. Numerische Näherungsrechnungen, die wegen ihrer Komplexität allein mit Hilfe eines Rechners durchführbar sind, haben inzwischen zu der Erwartung geführt, dass der Einschluss der Quarks tatsächlich eine Konsequenz der einschlägigen Theorie ist. In diesem Fall ist also erst durch den Einsatz von Rechnern klar geworden, was die Theorie überhaupt besagt.

Mit anderen Worten: Wissenschaftliche Forschungsprozesse sind nicht nur abhängig vom technologischen Wissen und Können, sie werden auch zunehmend durch dieses Wissen und Können selbst gelenkt. Technologie ist nicht nur Anwendung, sondern auch Voraussetzung von Wissenschaft, die damit selbst ‹technische› Züge annimmt. Die alte Gewaltenteilung – Technik, die über die Gesellschaft, und Wissenschaft, die über die Technik herrscht – geht, zumindest was das Verhältnis von Wissenschaft und Technik betrifft, nicht mehr.

4 Eine Alternative zur Leonardo-Welt?

In einer Leonardo-Welt wächst nicht nur der gesellschaftliche Reichtum, sondern wachsen auch die Zerstörungspotentiale. Zu diesen bzw. ihren Folgen gehören, wie wir alle wissen, der zum Teil noch immer besinnungslose Verbrauch natürlicher Ressourcen, ein rapider kulturbedingter Artenschwund, wachsende Abfallberge und Schadstoffbelastungen gewaltiger Art. Schon heute ist die Akkumulation langlebiger, umweltschädigender Abfallprodukte industrieller Produktion ein kaum mehr überschaubares, geschweige denn beherrschbares Problem. Reparaturkosten, die ein ebenso imperialer wie sorgloser Umgang mit der natürlichen Umwelt mit sich bringt, drohen ins Unermessliche zu steigen. Für manche Reparaturen scheint es gar schon zu spät. Beispiel: das Ozonloch. Was noch 1984 für eine Fehlmessung gehalten wurde, gibt es wirklich, nämlich eine ernstzunehmende Gefährdung der Ozonschicht der Erde. Diese Gefährdung ist selbst durch ein sofortiges weltweites Verbot der Emission aller halogenierten Kohlenwasserstoffe nicht mehr rückgängig zu machen. Gewaltige Mengen emittierter Stoffe haben die Stratosphäre noch gar nicht erreicht; sie liegen als Zeitbombe in den unteren Luftschichten. Die Leonardo-Welt zeigt dem Menschen ihr hässliches Gesicht. Eine neue Erfahrung macht sich breit, die Erfahrung, dass Wissenschaft und Technik nicht nur Probleme *lösen,* sondern auch Probleme *schaffen,* dass nicht der Fortschritt der Welt, sondern die Welt dem Fortschritt gehören könnte.

Das gilt, wie wir gesehen haben, auch für den Menschen. Wo etwa der Abstand zwischen dem Menschen als Forscher und dem Menschen als erforschtem Objekt eng wird, droht sich die Forschung, droht sich die Leonardo-Welt gegen den Menschen zu wenden. Datenschutz, Reproduktionsmedizin, Gentechnik sind Stichworte dieses enger werdenden Abstands. Die Leonardo-Welt steht vor einem schwerwiegenden Schritt: der Überantwortung des Menschen an seine Welt. Die Leonardo-Welt, die eben nicht nur die schöne neue Welt der Zukunftsplaner und science fiction ist, sondern auch eine Welt der Zerstörung und des Inhumanen, beginnt sich an die Stelle des Menschen zu setzen. Wissenschaft und Technologie als das Schreckliche? Als das, was nicht die Zukunft ist, sondern ihr Ende bedeutet?

In einer Situation wie der geschilderten wird – und hier öffnen sich zugleich die Einfallstore zu neuen Mythen – der Ruf nach Rückkehr laut. Doch wohin sollen wir zurück? Können wir hinter das einmal erreichte wissenschaftliche und technische Niveau einer Leonardo-Welt, auch wenn wir es für problematisch halten, wirklich zurück? Die Antwort wird Nein lauten müssen. Wir werden uns noch lange, wenn nicht gar auf Dauer, im Dilemma von Fortschritt und dessen Folgen einzurichten haben. Denn einfache

Wege, die dem Fortschritt dienen und dessen unwillkommene Folgen fernhalten, gibt es nicht. So wäre es ein verhängnisvoller Irrtum, zu meinen, mit weniger Wissenschaft und weniger Technik seien die Probleme einer Leonardo-Welt, gerade auch die durch Wissenschaft und Technik selbst verursachten Probleme, besser zu bewältigen. Im Gegenteil: Ohne intensive wissenschaftliche Forschung und ohne intensive technologische Entwicklung würde diese Welt bald in einen Zustand der Handlungs- und Reaktionsunfähigkeit geraten.

Das aber heisst: Zu unserer Welt – ganz gleich, ob sie sich modern oder, modisch schick, postmodern nennt – gibt es angesichts der von ihr selbst erzeugten Probleme – ich nenne noch einmal Ressourcenknappheit, Schadstoffbelastung, Abfallnot, Überbevölkerung – keine wirkliche Alternative. Ein geordneter Rückzug ist unmöglich. Ihm würden, wenn er dennoch versucht würde, Milliarden Menschen zum Opfer fallen. Wie sollten wir denn auch bald sieben, acht und mehr Milliarden Menschen auf dieser Erde ernähren, deren Tragekapazität längst bei weitem überschritten ist? Wie sollen wir ihre Gesundheits-, ihre Energieprobleme lösen? Das geht nicht mit einem kleinen Bauernhof, ein wenig mehr Naturheilkunde und einem Kohlekraftwerk. Mit anderen Worten: Die Alternative zu einer, allerdings besonnenen Weiterentwicklung der Leonardo-Welt wäre reiner Zynismus.

Und noch etwas. Wir starren derzeit gebannt auf das, was wir aus ethischen Gründen und anderen als *Grenzen der Wissenschaft* bezeichnen. Diese Grenzen gibt es, z.B. in den Bereichen der Reproduktionsmedizin und der Gentechnik, und es ist richtig, sie deutlich und verbindlich zu machen (etwa auf gesetzgeberischem Wege). Dabei vergessen wir aber manchmal, dass wir noch *viel zu wenig* wissen. So sind die Aufgaben, die sich allein aus dem Umstand einer unaufhörlich wachsenden Erdbevölkerung ergeben, vermutlich mit dem, was wir schon wissen, und dem, was wir schon können, gar nicht zu lösen. Deswegen müssen aber auch in Wissenschaft und Technik Grenzen ständig überschritten werden, nicht ethische Grenzen, aber Erkenntnis- und Entwicklungsgrenzen.

Dass dabei beides, ethische Grenzen und Erkenntnis- und Entwicklungsgrenzen, nicht immer fein säuberlich auseinandergehalten werden kann, ist klar. Aber bedeutet dies wirklich (‹Jonas-Prinzip›[12]), dass wir in Forschung und Entwicklung schon bleibenlassen sollten, was möglicherweise Gefahren bringt, was in seinen Folgen unüberschaubar ist, folglich auch ethische Grenzen überschreiten könnte? Ich glaube nicht. Allzu leicht könnte uns dies in eine Situation führen, in der wir zu wenig wissen und zu wenig können, um mit den Problemen fertig zu werden, die die Welt noch bringen wird. Denn die Probleme bleiben nicht stehen, wenn wir stehenbleiben. Das Verharren auf dem gegenwärtigen Stand der wissenschaftlichen und technologischen Entwicklung verringert das Risiko in einer Leonardo-Welt nicht, sondern erhöht es. Und eben deshalb gibt es zur Leonardo-Welt und der Arbeit an ihrem Wissen und Können keine Alternative.

5 Technikfolgenabschätzung

Mit einer derartigen Auffassung gerät man heute leicht in Gegensatz zur öffentlichen Diskussion um Technik- und Wissenschaftsfolgen. Doch das trifft nur oberflächlich zu. Tatsächlich kann es auch in dieser Diskussion nicht um die allzu einfache Alternative ‹Technik und Wissenschaft – Ja oder Nein?› gehen, sondern um einen besonnenen Umgang mit Wissenschaft und Technik. Das Stichwort lautet hier *Technikfolgenabschätzung* (TA); gesucht ist eine Kunst, die uns in die Lage versetzt, abzuschätzen, wohin der technologische Wandel im einzelnen führt, was ihn unproblema-

12 Vgl. H. Jonas, Das Prinzip Verantwortung. Versuch einer Ethik für die technologische Zivilisation, Frankfurt 1979.

tisch macht und was ihn problematisch werden lässt. Gemeint ist im übrigen nicht nur der technologische Wandel im engeren Sinne. Technikfolgenabschätzung ist immer auch Wissenschaftsfolgenabschätzung, ja sogar Kulturfolgenabschätzung, wenn man sich deutlich macht, dass Wissenschaft und Technik Ausdruck der rationalen Kultur moderner entwickelter Gesellschaften sind. So zu reden, macht allerdings keinen rechten Sinn. Schliesslich sind auch Kulturfolgen im Grunde wieder Kultur und könnte eine derartige uneingeschränkte Auffassung von Technikfolgenabschätzung allzu leicht zu dem Irrtum verleiten, der Mensch könne sich auf der Erde so klein machen, dass sein Tun keine Folgen für seine Umwelt, auch nicht für ihn selbst, hat. Ausserdem wäre eine derartige Auffassung ungeeignet, das zu leisten, was heute konkret mit Technikfolgenabschätzung gemeint ist.

Gemeint ist eine institutionalisierte Diskussion um die Beurteilung und Gestaltung von Technik- bzw. Technologieentwicklungen (einschliesslich des damit verbundenen wissenschaftlichen Wissens), etwa nach dem Vorbild des 1973 in den USA geschaffenen (und 1995 wieder geschlossenen) *Office of Technology Assessment* (OTA). Mit einer derartigen Institutionalisierung von Technikfolgenabschätzung bleibt sich die Leonardo-Welt auch in der Instrumentalisierung ihres Fortschritts treu: Es ist dieselbe Rationalität, die den Fortschritt, gemeint ist hier der technologische Wandel, vorantreibt und ihn gleichzeitig begrenzen soll. Dabei geht es im übrigen nicht nur um Probleme, die sich mit eingeführten Technologien oder absehbaren Technologieentwicklungen verbinden. Technikfolgenabschätzung muss sich vielmehr auch mit den Folgen unterlassener oder nicht rechtzeitig begonnener Forschung und Entwicklung im Technikbereich auseinandersetzen. Das heisst auch, dass mögliche Nachteile der Einführung einer Technologie gegen die möglichen Nachteile einer Nicht-Einführung abzuwägen sind. Die Konzentration auf den Begriff der Folgen im Begriff der Technikfolgenabschätzung droht den Umstand zu verwischen, dass die Zukunft stets eine

Folge nicht nur dessen ist, was wir tun, sondern auch dessen, was wir nicht tun, und ein Nicht-Tun ebenso problematisch und in diesem Sinne folgenschwer sein kann wie ein Tun, dessen Folgen wir fürchten. Wesentlich ist, dass dabei nicht allein ökonomische Nachteile berücksichtigt werden. Vielmehr müssen auch allgemeine politische und ethische, Momente einer Langzeitverantwortung einschliessende Vorstellungen Berücksichtigung finden. Wieder geht es um nichts anderes als um den Erhalt und die begründete Weiterentwicklung der Handlungsfähigkeiten einer Leonardo-Welt.

Noch einmal: Technikfolgenabschätzung ist der Versuch, Technikentwicklungen analytisch und kritisch zu begleiten. Dabei ist klar, dass sich hier Probleme der Beeinflussbarkeit und der Gestaltbarkeit technologischer Entwicklungen mit Problemen der Beeinflussbarkeit und der ‹Finalisierbarkeit› wissenschaftlicher Entwicklungen und damit des Wissenschaftssystems insgesamt verbinden. Das heisst: hier öffnet sich ein weites Problemfeld, das wir meist mit den Schlagworten Freiheit der Forschung, Verantwortung der Wissenschaft, auch im Sinne der schon erwähnten Langzeitverantwortung, umschreiben. Technikfolgenabschätzung diffundiert nicht nur in eine allgemeine Wissenschaftsfolgen- und eine Kulturfolgenabschätzung, sondern damit auch in Bereiche, in denen sich nur der Philosoph wohlfühlt. Wissenschaft und Technik, denen hier Technikfolgenabschätzung ans Herz (besser: in den Kopf) gelegt wird, reklamieren für sich stets übersichtliche Verhältnisse, und die hören nach einem alten, liebgewordenen Vorurteil dort auf, wo die Philosophie beginnt. Die transdisziplinären Verhältnisse von Technikfolgenabschätzung sind auch insofern schwierige Verhältnisse.

6 Humanisierung und technische Vernunft

Wissenschaft und Technik sind keine Zwecke an sich; sie sind das Mittel der Verwandlung der alten Welt, zu der auch eine mythische Welt gehört, in die moderne. Als Mittel sind sie dabei sowohl zum Aufbau und Ausbau der Leonardo-Welt als auch zu ihrer Zerstörung einsetzbar. Darüber hilft auch der Wunsch nach einer nicht mehr zerstörerischen Wissenschaft und einer nicht mehr zerstörerischen Technik nicht hinweg. Ein derartiger Wunsch ist angesichts des Wesens von ‹Werkzeugen› ohnehin eine Illusion. Es gibt keine Werkzeuge, die nicht auch zur Zerstörung eingesetzt werden könnten, und folglich auch keine Technologien, die allein ‹himmlische› Werkzeuge wären. Es kommt allein auf ihre Verwendung und daher auf den Menschen, der sie verwendet, an, d.h. auf die Prinzipien, denen er in seinem Handeln folgt. Was wir tun, hängt davon ab, was wir für Menschen sind, auf welchem moralischen Fundament wir stehen.

Die moderne Welt neigt dazu, derartige Vorstellungen, die Wissenschaft und Technik mit dem Begriff der Rechtfertigung in Verbindung bringen, verkümmern zu lassen. Hier wittert man bereits irrationale Verhältnisse. Dabei wird aber übersehen, dass dem auch ein wesentliches Stück Aufklärung zum Opfer fällt, Aufklärung nämlich darüber, dass eine Verwissenschaftlichung und Technisierung unserer Verhältnisse nicht auch schon deren *Humanisierung* bedeutet. Sie führen im Gegenteil, wenn sie alle Bereiche des gesellschaftlichen und privaten Lebens erfassen und dabei beanspruchen, selbst die eigentlichen Fundamente des Handelns zu sein, in die Aneignung des Menschen durch die moderne, durch seine Welt. Humanisierung ergibt sich dagegen stets aus der Verbindung von Können und Sollen, in diesem Falle wissenschaftlich-technischen Potentialen und Orientierungspotentialen. Auch in dieser Verbindung bleibt der Mittelcharakter von Wissenschaft und Technik gewahrt, d.h., diejenigen Orientierungen, die Wissenschaft und Technik selbst vermitteln können, bleiben instrumenteller Art. Wer diese Instrumente führt, muss wissen, *wozu* und *wie* er sie führt. Instrumente, Werkzeuge wissen das von sich aus nicht.

Nun soll hier nicht denjenigen das Wort geredet werden, die meinen, Wissenschaft und Technik müssten am kurzen Zügel der Politik geführt werden. Erstens ist diese in ihrer chronischen tagespolitischen Kurzatmigkeit auf eine solche Aufgabe gar nicht vorbereitet. Zweitens handelt es sich um Aufgaben, deren Lösung ohne die Mitwirkung des wissenschaftlichen Verstandes gar nicht möglich ist. Hier müssen der wissenschaftliche, der technische und der politische Sachverstand vielmehr Hand in Hand arbeiten. Die Aufgaben sind im übrigen vielfältiger Art. Sie schliessen vor allem Klärungen der Belastbarkeit und der Grenzen einer *technischen Vernunft* ein.

Was diesen Punkt betrifft, so stehen wir zwar nicht mehr am Anfang, aber doch in Entwicklungen, die in eine ganz andere Richtung zu weisen scheinen. Indiz dafür ist z.B. schon die ‹öffentliche› Sprache technischer Kulturen. Denken Sie nur an den inflationären Gebrauch der Wörter ‹Philosophie› und ‹Vernunft›. Da hat heute jedes Gewerbe seine Philosophie, einschliesslich des professionellen Fussballs, und jedes Erzeugnis, wenn es nur aufwendig und teuer ist, seine Vernunft. In diesem Zusammenhang zitiere ich gerne aus der Werbung der Automobilindustrie. Da ist ‹Luxus eine Sache der Vernunft› (General Motors), da ‹fällt Vernunft auf› (Saab), ‹setzt sich Vernunft durch› (Peugeot), wird die ‹hohe Schule der Vernunft› (Mercedes) und ‹Vernunft-Garantie› (Ford) geboten. Um ‹auf Vernunft umzusteigen› (Peugeot), bedarf es keiner grossen Mühe, das ‹Auto der Vernunft› (Audi) steht schon bereit, ‹aufregend vernünftig› (VW) und dabei die Vernunft von einer ganz neuen Seite zeigend: wer hier mitmacht, als guter Käufer, hat das ‹Abenteuer der Vernunft› (BMW) entdeckt.

So ein Unsinn. Was, so muss man doch fragen, hat denn ein Auto wirklich mit Vernunft zu tun? Soviel wie Vernunft mit Autos zu tun hat, nämlich gar nichts. Es gibt keine vernünftigen und unvernünftigen Autos, sondern nur gut gemachte und schlecht gemachte Autos. Über gut und schlecht entscheidet dabei der Zweck, für den sie gemacht sind, und der Gebrauch, den man von ihnen macht. Und hier ist es eher schon so, dass Autos sehr viel mehr mit Unvernunft als mit Vernunft zu tun haben, jedenfalls dann, wenn man mit ihnen auch gleich noch den Individualverkehr statt öffentlicher Verkehrssysteme fördert und zugleich Naturverbrauch, Umweltbelastung und hohe Kosten an Menschenleben in Kauf nimmt. Das Vernünftige – das lehren gerade diese Beispiele – ist nicht das, was einfach geschieht, wenn die Leonardo-Welt ihre Leistungskraft ungehindert entfaltet, wenn wissenschaftlicher und technischer Verstand uneingeschränkt das Sagen haben. Das Vernünftige ist vielmehr allemal das, was *zugemutet* werden muss, was die Dinge lenkt, nicht hinter ihnen herläuft, das Können mit dem Sollen und dem Dürfen verbindet. Es ist daher auch nichts, das dem Individuum und der Gesellschaft das Ausleben partikularer Interessen, rücksichtslos und als lebten wir in einer Welt unbegrenzter Ressourcen und Belastbarkeiten, erlaubt. Also ist Vernunft auch nichts, was individuelle Bedürfnisse, aber auch kollektive, so wie sie sind oder wie sie sich der Markt wünscht, legitimiert, sondern etwas, das derartige Bedürfnisse *einschränkt,* sie einer Beurteilung unterwirft, deren Mass z.B. Gesichtspunkte des Zuträglichen, des Verallgemeinerbaren, der Verantwortung auch gegenüber zukünftigen Generationen sind.

7 Die Welt zusammenhalten

Damit wir uns nicht missverstehen: Ich rede hier nicht einer Auffassung das Wort, die das Werden der Leonardo-Welt als einen Irrweg und die Zukunft in ihrer Abschaffung sieht. Technische

Kulturen, die die Leonardo-Welt bilden, sind eben kein ‹Zufall›, kein Spiel der Geschichte des Menschen, das auch anders hätte gespielt werden können, sondern ein konsequentes Resultat seines entwickelten Wesens; sie machen (noch einmal) den Menschen zu einem rationalen Subjekt und seine Welt zu einer rationalen Welt. Nicht in allen Fällen und nicht in jeder Hinsicht; aber doch auch nicht so, dass wir uns mit unserem rationalen Wesen aus dieser Welt hinaus in eine heile Welt träumen könnten. Daher braucht die Leonardo-Welt auch weder science fiction, in der der Mensch allmählich verschwindet, noch betuliche Phantasien vom einfachen Leben, denen ihre Gegner nachhängen. Was diese Welt vielmehr braucht, ist eine *besonnene Entwicklung* derjenigen Rationalitäten, denen sie ihr eigentümliches Wesen verdankt. Und dies sind eben wissenschaftlich informierte und technisch stabilisierte Rationalitäten.

Dass diese ihre eigenen Probleme, vor allem in Form von unerwünschten Nebenfolgen, haben, ist unbestreitbar. Nur bedeutet dies in vielen Fällen sogar die Notwendigkeit einer Steigerung des wissenschaftlichen und des technischen Verstandes, z.B. im Energiesektor. Was die Leonardo-Welt, was technische Kulturen hier brauchen, sind neue Technologien, die nicht die Ausbeutung und Verschwendung knapper natürlicher Ressourcen fortsetzen, sondern diese, jedenfalls für die Zwecke der Energiegewinnung, überflüssig machen. Diese Technologien sind wiederum ohne Pionierarbeiten der Naturwissenschaften unmöglich. Auch das hat Folgen: Die Naturwissenschaften wandeln sich nämlich dabei gleichzeitig von einem ‹reinen›, vermeintlich nur der Wahrheit dienenden Wissen zu einem *technikermöglichenden* Wissen. Das waren sie in ihrer neuzeitlichen Entwicklung zwar immer schon, doch überwogen bisher auch hier die klassischen Ideale ‹reiner› Forschung. Dieses Verhältnis wird sich, wenn ich mich nicht täusche, in Zukunft noch stärker ändern: Zu erkennen, was die Welt im Innersten zusammenhält, ist sicher auch heute noch ein hohes

Ziel, die Welt zusammenzuhalten wohl kein geringeres. Und eben dem dient rechtverstanden auch die Technik.

Die Aufgabe, die Welt zusammenzuhalten, lässt sich in einem Imperativ formulieren: ‹Stelle Konstruktion und Entwicklung in den Dienst der Erhaltung und der Verbesserung der Lebensgrundlagen und des Lebens in einer Leonardo-Welt!› Diesen Imperativ könnte man den *technologischen Imperativ* nennen. Neben ihn tritt, auch in bezug auf die notorische Unterentwicklung der praktischen Vernunft, ein *ethischer Imperativ,* wie ihn insbesondere Kants Kategorischer Imperativ zum Ausdruck bringt. Für die Aufrechterhaltung der modernen Welt in ihrer Form als Leonardo-Welt ist nicht nur der Fortgang von Wissenschaft, Forschung und Entwicklung unabdingbar; das gleiche gilt auch für moralische und politische Orientierungen.

In einer Situation, in der sich die moderne Welt, wohl auf Dauer, im Dilemma von Fortschritt und dessen Folgen, darunter ungewollte und schädliche Folgen, einrichten muss, gibt es allerdings keine moralischen und politischen Patentrezepte, sondern nur die ständige Aufgabe, den wissenschaftlichen und den technischen Verstand wieder mit einer verantwortungsorientierten praktischen Vernunft zu verbinden. Die Zukunft der modernen Welt, die Zukunft einer Leonardo-Welt, wird davon abhängen, ob diese Verbindung gelingt, d.h. ob technischer Verstand und praktische Vernunft wieder zu einer Einheit finden. Mit anderen Worten: Es geht nicht um die Frage, ob technischer Fortschritt in einer gefährdeten Umwelt sein soll oder nicht, sondern allein um die Frage, wie sich ein verantworteter technischer Fortschritt und die Leonardo-Welt zur Zukunft des Menschen zusammenschliessen. Der Mensch ist das auf Zukunft angelegte Wesen. Er allein hat es in der Hand, sein Wesen auch zu verwirklichen.

Und noch etwas: Mit der Herstellung einer Einheit von wissenschaftlich-technischem Verstand und praktischer Vernunft, der

Verbindung von technologischem und ethischem Imperativ in einer Welt, die primär auf andere Orientierungen setzt, wird auch die Angst, die nicht nur ein Element der mythischen, sondern auch ein Element der modernen Existenz des Menschen ist, aus ihrem Gegensatz zur Leonardo-Welt heraustreten. Sie könnte sogar zum *Inkognito der Vernunft* werden, wo diese allzu unbekümmert ihren Frieden mit dieser Welt schliesst. Denn noch einmal: Angst ist angesichts der Entwicklung der Leonardo-Welt und des Dilemmas von Fortschritt und seinen Folgen, in die diese Entwicklung geführt hat, nicht einfach etwas Irrationales, etwas, das nicht sein soll und das die Leonardo-Welt nicht versteht. Angst ist vielmehr ein Element der Natur des Menschen, auch seiner rationalen Natur; sie erinnert den Menschen daran, nicht nur Verstand, nicht nur Vernunft, sondern eben auch Natur zu sein – ein Bedürfniswesen, das sich mit seinem Verstand nicht an die Stelle seiner Bedürfnisse setzen kann, und ein unvollendbares Wesen, das sich mit seiner Vernunft nicht an die Stelle seiner Natur setzen kann. Auch die konkreten Ängste in einer Leonardo-Welt sind, wie dargelegt, in vieler Hinsicht begründet. Sie dürfen allerdings, um der Zukunft des Menschen willen, nicht das letzte Wort einer Leonardo-Welt sein.

Lawrence David Freedman

War and Society in the Information Age

We are now living in what has been described as the «information age.» The dynamism in our societies now stems from the collection, collation, interpretation and dissemination of information. My concern in this lecture is with the military aspects of this development. As with previous surges in the exploitation of related bundles of new technology, the information age was also boosted by military research and development. Yet one of its most striking features now is how much even those information technologies of greatest relevance to military operations have escaped from military control and have now been taken up by the civilian sector. We have moved beyond the point where we are looking for civilian spin-offs from new military systems, to the point where the military are looking for spin-offs from essentially commercial systems.

In addition to the direct consequences of the information age on the conduct of war, there is also an indirect impact on its causes and character. After the events of the past year we might take more care when it comes to glib discussions of global markets. The current financial crisis has brought to the fore questions with regard to the redistribution of power resulting from the ease with which financial assets can be traded across continents, and the determination of those states who feel victimised by this process to regain some control over their currencies. The results of this power struggle are still uncertain. Nonetheless, these are struggles in which the military instrument itself is irrelevant, while it remains the case that the growing interdependence among the advanced capitalist states renders it less likely than ever that they will contemplate war against each other. On the other hand, the political fall-out from this crisis indicates the extent to which contemporary conflict is a function of social cohesion. Social cohesion is always sorely tested by economic failure and incompetent and illegitimate political structures. Economies recently celebrated for their emerging status are now in danger of submerging. All this suggests that the military question for western states is no longer one of how they might confront an ideological competitor of equivalent capacity, let alone each other, but how they cope with turmoil in and around weak states.

The purely military consequences of the information age have generated great excitement in the United States where they have even led to the proclamation of a new «revolution in military affairs.» This refers to the strategic consequences of the marriage of systems that collect, process and communicates information with those that apply military force. The revolutionaries believe that if this marriage can be consummated then it will reinforce established tendencies towards the creation of an American military capability far superior to that of any other country or even of any group of countries. While enemy commanders are still attempting to mobilise their resources and develop their plans they will be rudely interrupted by decisive and lethal blows inflicted by American forces for whom time and space are no longer serious constraints. This opens up the possibility of fighting wars with scant risk to American troops, let alone the home population and territory. It is the culmination of a strategist's dream.

However, this revolution is concerned with the conduct of large-scale, high-speed and high-intensity wars. These could only be conducted against countries of comparable military endowments to those of the west. Their political setting therefore requires leaps of the imagination. We need to postulate a true «clash of civilisations» or assume that conflict among great powers remains an endemic feature of the international system that no amount of liberal, capitalist globalism can ever fully eradicate. The revolution in military affairs, therefore, sits uneasily with what might be called the Revolution in Political Affairs. This is the consequence of the long-term effects of decolonisation when combined with the short-term effects of the end of the cold war. In terms of its impact on warfare it focuses our attention on weak states and prolonged low-intensity conflicts in and around societies with compound economic, social and political fractures. Here no great flights of fancy are required to develop scenarios. There are regular examples of failing states succumbing to forms of discord and anarchy and such events having unsettling effects on their whole neighbourhood.

For the military planner and the policy-maker alike the coincidence of these two revolutions is troubling. Together they produce a Revolution in Strategic Affairs. This unfortunately offers no reliable model of future war. The range of potential enemies covers everything from fanatical terrorists to disaffected great powers, while the means they might employ takes in a spectrum of means from the improvised explosive device in a shopping mall to guerrilla ambushes to traditional battle to nuclear exchanges. Terrorists might gain access to weapons of mass destruction, while renegade states might insert bombs into public places. When all is in flux, how does one set budget priorities, design equipment and organise training?

One possible answer is that you build upon what you know you do well. This starts to explain the importance of the 1991 Gulf War in this debate. This war popularised a high-technology, low-casualty, sanitised form of warfare. The revolution in military affairs can be seen as the set of steps necessary to exploit to the full the strategic possibilities revealed by this war. While the stunning coalition victory in Desert Storm can be attributed to many factors, of evident importance was the ability to collect and transmit pertinent information in and around the battlefield and to use this information to attack any targets with extraordinary precision. Neither the generals nor their political masters left anything to chance in preparing for the campaign. Other factors worked in their favour. The main host nation – Saudi Arabia – was potentially a logistician's dream, with its ports and airfields and on-tap fuel supplies. The opponent had only a limited grasp of strategic reality and allowed himself to be tempted into a conventional war that played to his opponent's greatest strengths.

In retrospect Saddam's gamble in taking on the United States in traditional battle seems reckless but that was not how it appeared at the time. The recent military history of the United States gave support to those who claimed it was a flawed and clumsy giant, prone to stumbling. It turned out in this case to be a rather efficient and ruthless giant. From the Gulf War on, gamblers could calculate the odds more realistically and avoid combat of this nature. They may be prepared to take on their neighbours or some interfering regional power; they will think long and hard before taking on the United States in a full-blown conventional war. Saddam's failure lay not just in his Plan A, of imposing unacceptable casualties on coalition forces, but also his Plan B, which was to threaten the political cohesion of the coalition. The reason for this failure lay in execution as much as concept. The methods available to him were to make the coalition's leaders appear unreasonable in their political demands, by appearing ready to compromise; imposing pressure on local elites by turning the war into an Arab-Israeli conflict; raising the stakes by inflicting severe environmental damage, conducting a campaign of terror and threatening weapons of mass destruction. Most of these methods were tried. They failed because Iraq lacked the political and military capacity to make them work. Saddam had left himself with little freedom of manoeuvre in negotiating a political settlement, and his Arab opponents knew better than to be distracted by their dispute with Israel. He was fearful of either American or Israeli retaliation when considering his main weapon of mass destruction – chemical munitions – and the means of delivery were poor. His nuclear programme had yet to be completed. He lacked the organisation for an effective terror campaign, though the mere thought that he might resort to such methods had a dire effect on air travel in the West. Most successful were attempts to inflict environmental damage, with the Gulf itself only saved from terrible pollution by an American operation to close oil pipes that had been left open. Nonetheless, this Plan B offers a natural menu for a Plan A for another country that expects to confront American power.

The strategies that the weak have consistently adopted against the strong often involve targeting the enemy's domestic political base as much as his forward military capabilities. Essentially they involve inflicting pain over time without suffering unbearable retaliation in return. They often rely on the opponent's intolerance of casualties. This intolerance is more likely if it can be assumed that the stronger force has a weaker stake in the resolution of the conflict. Thus it did not take many casualties to encourage the United States to cut its losses in Somalia. These strategies can also play on the reluctance in the West to cause civilian suffering. Both the Iraqis and the Bosnian Serbs located some of their most important assets close to schools or architectural monuments or in the middle of highly populated areas. In short, whereas stronger military powers have a natural preference for decisive battlefield victories, the weaker are more ready to draw the civilian sphere into the conflict while avoiding open battle.

So the favoured model for western military operations points to their initiation before those of the opponents, a sharp distinction maintained between combatants and non-combatants, and the role of ground forces limited by reliance on stand-off weapons rather than organic firepower, and, in consequence, reduced dependence on logistics. It presumes a conflict that can be decided quickly and unequivocally.

In practice contemporary conflicts have tended to require tortuous and time-consuming coalition-building, with negotiations over objectives, rules of engagement and burden-sharing. Operations appear likely to be conducted some distance from home, and so expeditionary in character, relying on whatever forces are available, and putting a great stress on logistics. If they involve sustaining a military presence over an extended area for a long time then an appropriate local logistical network will have to be constructed. Politicians dislike putting troops into exposed settings that they may need to occupy for some time. It is also a task upon which new technologies may have little impact. Yet large numbers and raw military power can be valuable precisely because they are conspicuous. Strength on the ground matters. When conflicts are about the ownership of land, then «presence» remains a high priority for armed forces.

Furthermore, by their nature these conflicts tend to involve complex interactions with the civil societies of all participants. This will work against attempts to maintain a sharp differentiation between combatants and non-combatants. They tend to irregular war – either at the high end of environmental carnage and mass destruction or the low end of intra-state conflicts and terrorism. These can arise out of conflicts of all shapes and sizes. They point to areas where size measured in terms of input (commitments of regular armed forces) may have little relation to that of the output (social impact).

Future wars may be fought in the desert, as was the case in 1991, providing an effective backdrop for sensors and making it possible to stay clear of populated areas. As likely they will be fought in jungles, forests and cities. Urban combat remains manpower intensive and imposes complicated requirements on targeting and manoeuvring, given the nature of the infrastructure which support cities and the likely political and symbolic importance of many of the buildings they contain. innovative use of modern systems. Consider, for example, the implications of a situation in February 1991 if instead of retreating in a hurry from Kuwait City, Iraqi forces had decided to make a stand and fight.

One consequence of improved sensors is that aggression should be rendered more difficult as preparations for a major offensive unavoidably become much more transparent and the systems required individually much more vulnerable. However the problem is less that intelligence agencies will fail to notice a force being prepared to move against a neighbour but that it will not then act. There was no shortage of indicators that Iraq was in a position to attack Kuwait. The reason that so little was done to warn Iraq off was not a lack of information but a complacent assessment of the information and a policy decision about what the United States could do in this situation. The result was a need to react to a *fait accompli,* which meant that dislodging Iraq from Kuwait would involve taking the offensive.

Domestic opinion and also allies required some persuading that this was at all a wise thing to do. Through the wars of the Yugoslav dissolution, the next stage has been advertised well in advance. There has been no reason to be surprised. The preparations and the policy response were still lamentable. With Kosovo there were even promises that the same mistake would not be made again. It was. So whatever the possibilities for «real-time» military decision and action, policy formulation and political persuasion tend to take time. The demands of coalition formation mean that the initiative may be difficult to seize from a local aggressor.

Force still has to be despatched. The speed of mobilisation was always recognised to be NATO's basic difficulty in responding in a timely fashion to indicators of imminent Warsaw Pact aggression, leading in the 1970s to fears of being caught by a «standing start» attack. Not only is «real-time logistics» impossible, but the advances in the movement of personnel and materiel into battle have not been anything like as substantial as those in mounting operations once they have arrived. The more stand-off weapons can be used the more it may be possible to rely on the far greater ranges of missiles and aircraft from home bases or naval task forces.

The west's interest now lies in the progressive marginalization of nuclear weapons and other weapons of mass destruction as factors in international politics and even their elimination, in part because of the limits on its freedom of manoeuvre they represent. For a country fearing that it might otherwise be on the receiving end of American military power, the deterrent effect of a nuclear capacity retains a certain attraction. The prospect of a developing Russian inferiority in the most advanced conventional capabilities led to anxiety in Moscow long before the collapse of communism. It has now stimulated a greater readiness in Russia to rely on its nuclear arsenal as the ultimate source of security. The United States still has alliance obligations that involve the provision of some form of nuclear guarantee, and it risks its allies and clients following their own programmes if this guarantee is withdrawn.

Even when belligerents start with the intention of confining hostilities to combatants it is very difficult to prevent a conflict spilling over into civil society. Attacks on power supplies, communication nodes and the transportation system can all be justified by the need to disable enemy armed forces. Few advancing armies have the time or the inclination to skirt round civilian obstacles in their path. Most seriously, when a country is in desperate straits, and facing defeat in conventional war, attacking the enemy's society can appear as the only option left. All these reasons help explain why the history of the Twentieth Century war is so discouraging to those who believe that armed force can be used decisively while contained in its effects.

Does information technology offer any ways out of this conundrum? The military issues raised by information are quite different from those associated with other commodities of both an agricultural and industrial nature – fuel, food, spare parts and ammunition. These are finite resources that can only be moved to where they are most needed by specific forms of transportation. There is normally a deficit. Without these commodities an otherwise well-equipped army will become desperate and immobile. This puts a premium on successful interdiction. The interdiction of information is much more problematic. Here we are dealing with the provision of services rather than goods. Information does not directly energise, destroy, shelter or move but a lack of it can hamper effective operations by disorienting units and their weapons.

Information has long been a precious resource. Its transmission was the purpose of the first marathon. The Chinese strategist of ancient times, Sun Tzu, much beloved of modern «cyber-warriors,» offers many observations on how to acquire and use information, including concealment, confusion, deception, dissimulation, and generally staying inscrutable. Sun Tzu wrote about the importance of knowledge – rather than just information – about both the enemy and oneself. Commanders have always sought to protect their capacity to collect, transmit and apply vital information and attack that of the enemy.

Where there has been the greatest change is that the type of problem connected with information is likely to have as much to do with superfluity as deficiency. Instead of facing difficulties receiving any valuable signals the challenge may now lie in locating, and comprehending, the most valuable from among a cacophony. There is a compelling argument that information technology now allows for an extremely dense communication net, so that it is difficult for one group to maintain a privileged source of information and inefficient for them to do so. With much information there is no need now to decide on priority access. It can go to large numbers of people, at all levels in the organisation simultaneously. In principle this makes possible much greater individual initiative. A local commander should enjoy considerable situational awareness, in terms of the capabilities and disposition of his own forces and those of the enemy.

The sort of information that previous commanders might have dreamt about receiving in good time will be available almost immediately. The problem is to know what can be known, for this information has to be identified out of all that is being received and stored. It is the familiar intelligence problem of «noise» magnified many times. It can lead to information dependence, whereby it is assumed that the next bit will provide the final clue and make a difficult decision easier. Intuition and hunch become more suspect for there appears to be less excuse for ignorance. Yet in high tempo war there will be reluctance to wait for even more information and few opportunities for considered reflection of the information as received, or to address the ambiguity that it will inevitably contain. Information overload means that the apparently efficient means of communication will become suspect. To take one trivial but amusing example, in 1994 the Swedish Prime Minister, Carl Bildt, sent an e-mail to President Clinton, the first internet exchange of its type. However, as the president gets up to two thousand e-mails a day the message was missed. After two days Stockhom rang Washington.

Information is becoming less and less of a privileged resource as more people have more means of tapping into more forms. At times of peace military-relevant information can be obtained through the civilian sphere and can be shared by friend and foe. Commercial receivers for the NAVSTAR global positioning satellites now far exceed military receivers, and while their accuracy is not as great it is still good. The immediate dissemination of data of a high intelligence value on CNN and other news channels has now come to be taken for granted. Clever legal and technical minds are, of course, attempting to work out how to limit access to these services or deny them at time of war. Such efforts, however, may well be thwarted by the intensity of the commercial imperatives, which will include demands for contractual guarantees, and also the development of competition. The need for commercial outfits to provide an uninterrupted service, unimpeded by considerations of national policy, has limited all efforts at restrictions. If American satellite images come with too many restrictions then it is possible to turn to France, Russia and India. Commercial launches exceeded governmental launches of satellites in 1996 for the first time in history. At the end of 1997 a Colorado company launched the world's first civilian spy satellite atop a Russian rocket. It is claimed to offer military quality resolution. At times of peace there appear to be few restrictions on the images that can be acquired and marketed.

A September 1997 wargame organised by the US Army featured an enemy with no organic military space capability but was able to use commercially available communication and navigational satellites. This highlighted the problems of denying systems to an enemy and not to everyone else: the enemy was able to develop an impressive communications network using cellular phone, which could not be singled out for jamming. Satellite imagery still poses special problems of collection and interpretation, but GPS will go the way of radios, mobile phones and personal computers and become portable and widely available. There are now some 150 million computers existing world-wide while 25 years ago there were barely 50 000. The power of some of the smallest is equivalent to types that not that long ago were subject to the most stringent export licensing controls. We must now be approaching 100 million people on the Internet.

The quality of civilian information systems tends to be so substantial that even military organisations tend to consider buying off-the-shelf. Commanders are also tempted to turn to the BBC rather than wait for crucial information to pass through the military hierarchy and arrive with them in a filtered form. The Pentagon now relies on commercial telecommunication for 95% of its information traffic.

One claim is that the power of modern sensors is such that there is said to be no need to be confused by a fog of war. It might even be possible to answer the problem of «friction», which Clausewitz identified as one of the most persistent and perplexing features of war. Proponents of the revolution in military affairs stress the ability to operate with ever more timely and pertinent information and communicate directly, constantly and instantaneously with colleagues and subordinates. This all seems to be overstated. Information flows create their own potential for friction, as too much of the wrong sort of information, or too little of the right sort, is received. The possibilities for misunderstanding and mistakes remain, and the growing dependence upon the management of information means that the impact of any errors may well be magnified. If unreal expectations are created for the conduct of war, commanders and their units will become disoriented not so much because they are at a real tactical disadvantage but because the reality is so different from the «cyberworld» of simulations and wargaming.

Another problem is that opponents will be attempting to interfere with information systems, either stemming the data flow or substituting inaccurate material. The sophistication and ingenuity of hackers and the inventors of viruses is notoriously impressive. This may well be a growth area for military organisations. Disabling air defence systems, sending missiles off-course, leaving local commanders in the dark and senior commanders confused by interfering with software or causing catastrophic hardware malfunctions have obvious appeal. The fear that this might be done to you is also a powerful motivating force.

There are two reasons for caution here. The first is the unavoidable degree of uncertainty surrounding any attempt to interfere with another's information networks. Have the right systems been targeted? How dependent is the enemy upon them? Might interference become apparent before the critical moment and any damage rectified? Is it possible to become the victim of a double bluff? For these reasons there will be a reluctance to rely solely on information warfare operations, no matter how brilliant in conception and successful in implementation. Faced with the task of disabling a critical facility clever and subtle forms of electronic warfare may well seem unnecessarily risky when compared with something cruder, simpler and probably more violent. In short, the multiplication of channels through which information can pass both reduces dependence upon a single channel but also the opportunities to control the flow. There are few information «choke points», no «command of info-power» easily obtained, no «centre of gravity» to be targeted.

Given the steady erosion of the barriers between civilian and military nets, one can assume that offensive and defensive operations will share much in common whether the campaigns are being waged against rival corporations, international criminal gangs or rogue states. The integration of civilian and military information nets is in itself a development of major significance. There will be a case for keeping the most sensitive information flows and vital key command and control relationships on separate nets. The pressures for cost-savings, however, are likely to reduce steadily the amount of dedicated military hardware.

Some of the more excitable analysts, noting the importance of complex information systems to all aspects of modern society, have imagined the consequences of their sudden absence, and concluded from this that they have identified a natural target for an inventive and resourceful belligerent. Hence the great interest in information warfare. Even if there was a serious prospect of designing and mounting a successful strategic information campaign, there could be no guarantee that a victim would respond in kind, but rather with whatever means are available. The countries most at risk are probably those becoming increasingly dependent upon information technology yet still behind in indigenous capabilities. Not surprisingly, given past sensitivities to this issue, Russian generals are particularly concerned about the vulnerability of their country to this sort of attack, and so warn of the risk of a «strategic» response of a different sort.

Many ideas here are based on the consequences of disruption for crucial information systems, for example relating to banking or air traffic controls or power transmission, Other ideas are more manipulative, interfering with the content of information processes rather than their form. Television images might be distorted to make an enemy leader appear ridiculous; misleading signals could be sent to top executives or even generals; false orders might be delivered to key units; black propaganda might be spread about one section of society to another. This is derivative of psychological warfare. In both cases it is possible to imagine the relevant capabilities playing some sort of supportive role in certain conflicts, but extremely difficult to imagine them carrying the whole burden of a nation's security by themselves.

This is not to say that attacks on information systems do not now pose serious problems. There are serious difficulties – but they are as likely to stem from the disgruntled employee, or the fraudtser and extortionist, or even the mischievous hacker, than a hostile power or even a terrorist.

It seems to me that the current focus on the capacity to deny information or interfere in some way with information systems risks missing the point. It is obviously appropriate for those responsible for the integrity of these systems to worry about such things, but in strategic terms the key issues now revolve around the increasing openness of information and access to information systems. When engaged on an operation the terrorist and the counter-terrorist alike may keep themselves up to date with CNN, plan their next steps on a laptop and update them using the internet, make their calls through AT&T, pay their bills with American Express and even benefit from the same frequent fliers scheme.

Perhaps the most striking feature of the information age is the presumption of transparency. The case for secrecy is now much harder to make but also harder to sustain in practice. Prying eyes are everywhere while demands for full disclosure of any consequential activity at the national and international levels have become virtually automatic. The military have had to come to terms with the all-pervading character of the modern media. One day they may successfully demonstrate their determination to ensure pin-point accuracy by showing videos of smart attacks on command centres. The next day they may be responding to television footage of the human cost of another missile taking a wrong turning. The same television stations carry the claims of all sides in a conflict and as a matter of course now seem to show military operations from the perspective of those both launching them and those on the receiving end. Some operations seem to be organised with the late evening news in mind. Operational secrecy in modern limited wars now requires the active connivance of the media. Even a sudden news blackout from a particular base or an aircraft carrier can be extraordinarily eloquent, a sure indication that something significant is under way.

This is illustrative of a more significant tendency, which is the vulnerability of closed societies to open communications. Many of the early advances in communication, such as for example the radio, were seen as natural instruments of totalitarianism. Radio released individuals from dependence upon local sources of knowledge, thereby diminishing at a stroke traditional sources of authority and creating a «mass society», while making them wholly reliant on externally generated news, which could be controlled by a central authority. The masses need hear only one voice, and this voice would be inescapable. This same central authority would be able to monitor loose talk and subversive action. This was the grim vision of Orwell's 1984. Big Brother controlled the information environment. It did not work out that way because no country could ever be sealed off from external influences.

Arguably the cold war itself was resolved through information warfare. The use of satellites to gather information was recognised from the start of the 1960s as a challenge to Soviet military secrecy. They could photograph military establishments with impunity. They could chart every inch of Soviet territory, mocking those maps with built-in errors designed to confuse an invading force. Yet it is of interest that the nearest the Soviet leadership ever got to justifying an anti-satellite system was in connection with their fear of direct broadcasting from space. The cold war was, at root, a conflict between open and closed societies. The most vulnerable points of the Soviet system turned out to be its inability to jam completely the BBC World Service or to prevent the intrusion into Soviet and East European homes of western television programmes that undermined the official line simply by demonstrating an alternative, freer, more prosperous way of life. This did not require any overt political message. Once East Germans could watch West German television then, with the benefit of hindsight, the urge to unification was given a formidable boost.

Even before the Internet, new forms of communication were giving rise to new forms of subversive action, as part of the search to disseminate political messages and avoid censorship. Thus audio tapes were employed during the 1978 overthrow of the Shah of Iran, videotapes in the mid-1980s Philippine Revolution, and FAX machines in the campaign against General Noriega in the late. More recently when the Mexican government moved against the Zapatistas, the rebels used laptops to issue commands and the internet to publicise allegations of government atrocities to gain support from international organisations. In national politics e-mail campaigns of harassment have been devised and these can be extended internationally. The possibilities grow with the ease of transmission through the internet of video and audio material.

We see now countries such as China banning satellite receivers as it struggles to combine the communication demands of the global economy with the communist party's desperation to maintain a monopoly of political power. Singapore seeks to establish controls over the internet to prevent the movement of unauthorised political messages as well as pornography, and Burma is trying to prevent any «surfing» at all. Saudi Arabia has been vexed by its inability to stop dissident FAXes being sent from London.

Information wars tend to be – as much as anything – public relations battles to either gain – or lose – western attention. Hence the adoption of English as the universal language of dissidence and protest. It is assumed that the way to western decision-making is through the media and public opinion. To some extent the «CNN effect» – whereby emotive images of suffering are presumed to lead to an almost mechanistic public demand to «do something» – is overstated. The images of distant conflicts projected by the media can be varied while a government well aware that it has nothing good to do can normally stay passive. Moreover, the media is increasingly subject to budget cuts and editorial caution, resulting in spasmodic and patchy coverage. Surfing the internet can appear preferable to journalists on the spot, even though. whether we are talking about foreign correspondents or embassies the most vital sources are those sensitive to local culture, history and politics. As a conflict gestates it appears complex, nuanced, speculative and probably quite boring – a natural loser in the competition for newspaper space, TV time and even ministerial in-trays.

Once there has been an upsurge in violence then there is a story to be covered. With rumours of atrocities and pictures of refugees the core issue soon becomes who is doing what to whom? Despite all the wonders of the information age, the fact is that with many contemporary conflicts few outsiders have any notion of what is really going on. Outside perceptions are manipulated by the local actors, normally through stage-managing events or feeding snippets of information to western media. An independent local press, a potentially reliable source, rarely survives a civil war.

Once western forces are engaged then the news coverage becomes incessant, even when hard news is absent. Armed forces can no longer assume secrecy. The media now assumes that wars are public spectacles, to be covered from all sides. The enemy will seek to engender a sense of shame or futility or danger. The government will seek to counter this by gaining international support, demonstrating proportionality and economy in the use of force, and reasonable and fair objectives.

Precisely because military engagements have become much more discretionary for western countries, belligerents must work hard to persuade them to either get in or stay out. Governments must pay close attention to the quality of rationales for both intervention and non-intervention. If battle is joined then operations will be judged against political criteria relating to casualties and collateral damage, justice and fairness.

At this point the information age may start to let political leaders down. The high-speed, analytical systems at their disposal may drive them towards certain kinds of decision, but they will always need to take account of aspects which may not be readily quantifiable, such as the morale of forces, the demands of allies, the mood in the United Nations, the state of domestic opinion, the economic implications of resources being expended at a particular rate, and so on. Francis Bacon observed centuries ago that knowledge is power, but information is not knowledge, let alone wisdom or judgement.

The marketing of modern conflicts reflects the extent to which war for western countries is a discretionary activity. For the moment at least they can choose their enemies and are not obliged to fight on anybody else's terms. Yet the terms in which fighting does take place in the modern world is removed from sort of cool, calculating, commercial activity, based on the accumulation and manipulation of information, that modern military managers appear to want to emulate. Even the money manager can be prone to sudden bursts of panic and exaggerated response, relying suddenly on an untutored intuition as much as a knowledge bank and sophisticated mathematical models of risk that should facilitate quick and accurate judgement.

The money managers like the military managers find themselves struggling to comprehend political entities that are fearful, desperate, vengeful and angry, that are endevaouring to maintain a sense of proportion and clarity of objective. Both may wish to stay clear of the risks such entities pose, yet the more they fly from risk the more the risk keeps on catching up with them. They wish to operate in conditions of restraint yet these conditions can break down in circumstances of political turmoil. The money managers may, in their irrational exuberance, have started to believe in a virtual economy, detached from the real worlds of work and consumption, where they key factors were those they could track on a screen. The military managers should avoid making the same mistake. War is also not a virtual thing, played out on screens, but intensely physical. That is why it tends to violence and destruction.

My point is this: while the technology of armed force and its forms of organisation may change, its use or invocation still excites emotions and passions that are timeless. Its influence on political events still depends on an actual or demonstrable capacity to damage life and property. There would be reasons for relief if belligerents only targeted information flows. Unfortunately as likely they will turn to any methods of causing hurt, in an effort to encourage a sense of disproportion in the population and unhinge multilateral coalitions. The revolution in military affairs does not offer the prospect of a virtual war, detached from the things people fight about – territory, prosperity, identity, order, values. It is not the case that in the information age only information matters.

GERT LORENZ

INNOVATION, SUBSTITUTION UND GLOBALISIERUNG

MIKROELEKTRONIK: BASISINNOVATION DES 20. JAHRHUNDERTS

Thema meines Beitrages ist die Mikroelektronik als eigentliche Basisinnovation des jetzt ausgehenden 20. Jahrhunderts. Im ersten Abschnitt werde ich einige wichtige Begriffe erläutern, die Zusammenhänge darstellen und Thesen formulieren. Im zweiten Abschnitt werde ich die Mechanismen der Globalisierung am Beispiel der Mikroelektronik aufzeigen und im dritten Abschnitt dann Vorschläge für den Umgang des Unternehmers mit den Phänomen der Globalisierung unterbreiten.

1 Begriffe und Zusammenhänge

Innovation und Globalisierung werden heute breit diskutiert und sind als treibende Kräfte des wirtschaftlichen Geschehens allgemein anerkannt. Auffällig ist, dass die Substitution nur geringe Aufmerksamkeit findet, aus meiner Sicht zu unrecht. Schon *Joseph Schumpeter* hat auf die Bedeutung dieser anderen Seite der Innovation, die Kraft der «schöpferischen Zerstörung», verwiesen. Mein ganzes Berufsleben haben mich Innovation, Substitution und Globalisierung beschäftigt: Zunächst als Wissenschaftler, u.a. am Massachusetts Institute of Technology (MIT) in den USA in den 50er Jahren, wo ich mit der *Halbleiterphysik* und als Folge mit dem Ablöseprozess der Elektronenröhre durch den Transistor zu tun hatte; dann als Entwicklungsleiter in einem Philips Unternehmen, wo ich mich mit dem Ablöseprozess des Germanium (Ge) durch das Silicium (Si) als Rohstoff für Halbleiter zu befassen hatte; etwas später als Geschäftsbereichsleiter für *in-*

tegrierte Schaltungen mit der Mikroelektronik und als Folge mit dem Ablöseprozess der Halbleiterbauelemente durch integrierte Schaltungen; dann als Vorstandsvorsitzender einer Tochtergesellschaft der Philips für Telekommunikation mit der Digitalisierung aller Informationsarten und als Folge mit dem Ablöseprozess der analogen Technologie durch die digitale; schliesslich als Mitglied des Philips-Zentralvorstandes mit der Globalisierung, d.h. der Ablösung der nationalen Märkte durch globale. Das waren mehr als 40 Jahre Innovation und Substitution, in der mich ständig die Mikroelektronik begleitet hat.

Die Globalisierungsdiskussion leidet an *unterschiedlichen Definitionen.* Die wirtschaftliche Globalisierung ist ein Evolutionsprozess, der die Weltwirtschaft von einem Gebilde nationaler und regionaler Märkte in ein Marktnetzwerk unabhängig von nationalen Grenzen transformiert. Dies führt zu globalen Unternehmen, die befähigt sind, die internationalen Marktchancen mit globalen Produkten und Dienstleistungen zu nutzen. Dies ist nichts Neues, keinesfalls eine Revolution. Denn bereits *zu Anfang dieses Jahrhunderts wuchs der Welthandel enorm,* ebenso die Investitionen im Ausland. Bereits damals war also eine Art Globalisierungsprozess erkennbar. Hilfreich für die Globalisierungsdiskussion wäre neben einer einheitlichen Definition aber auch eine *Messgrösse,* mit deren Hilfe die *Globalisierungsdynamik* beschrieben werden könnte. Eine solche Messgrösse gibt es, und sie wurde meines Wissens schon zu Beginn dieses Jahrhunderts angewendet: Es ist das Verhältnis von *Merchandise trade* (das ist die Summe von Importen und Exporten) zum Bruttosozialprodukt in Prozent. Wenn man diese Messgrösse anwendet, dann ergibt sich für die Jahre 1913 und 1997 folgendes Bild:

	1913	**1997**
Grossbritannien	45%	45%
Japan	30%	16%
Frankreich	35%	38%
Deutschland	35%	45%
USA	10%	20%

Berücksichtigt sind hierbei allerdings nicht die Finanzströme, die unabhängig vom Welthandel fliessen. Und natürlich ist der Handel in absoluten Zahlen mit jenem vor dem Ersten Weltkrieg nicht zu vergleichen.

Auch Direktinvestitionen im Ausland sind kein neues Phänomen. Heute investieren die reichen Länder etwa 6% ihrer gesamten Mittel, die für Investitionen bereit stehen, im Ausland. Bereits 1914 investierte Grossbritannien mit seinem weltumspannenden Kolonialreich etwa ebensoviel im Inland wie im Ausland. Die Zeit von *1914 bis 1945* war geprägt von zwei Weltkriegen, autoritären politischen Systemen und protektionistischen Wirtschaftssystemen und in deren Folge einem Zusammenbruch des Welthandels, so dass der Anteil des Warenhandels am Sozialprodukt scharf abfiel und erst seit 1950 wieder zu steigen begann.

Die *Gründe der Globalisierung* vor dem Ersten Weltkrieg waren das Verschwinden von Handelshemmnissen und das Sinken der Transportkosten durch die Entwicklung von Eisenbahn und Dampfschiffahrt, also einer technologischen Innovation. Die Folge waren bereits am Ende des vorigen Jahrhunderts tiefgreifende *Strukturveränderungen* sowohl der Unternehmen als auch der Gesellschaft. die Gründe für die Globalisierung heute sind ganz ähnlich: Die weltweite Liberalisierung, Deregulierung, Entmonopolisierung und die weitgehende Akzeptanz der Marktwirtschaft sowie der scharfe Rückgang der Kommunikations- und Informationskosten durch die Mikroelektronik. Raum und Zeit verlieren als Faktoren der Wirtschaft also an Bedeutung, entsprechend kann die Wirtschaftstätigkeit expandieren, und zwar global.

Ein Telefongespräch von drei Minuten zwischen London und New York kostete 1930 noch 300 US$, heute weniger als 1 US$ mit sinkender Tendenz. Die Leistung von Computerprozessoren wird in Millionen Instruktionen pro Sekunde (MIPS) gemessen. Die Kosten für einen Millionstel Teil davon, d.h. eine Instruktion pro Sekunde, lag 1975 noch bei 100 US$; heute liegt sie bei 0.01 US$, ebenfalls mit sinkender Tendenz. Die Welt ist kleiner geworden, die Kostendynamik nach unten wird weiter anhalten, denn die Grenzen der Mikroelektronik sind noch lange nicht erreicht. Als Folge werden wiederum Strukturveränderungen auch in der Gesellschaft erwartet, die jedoch heute noch nicht abzusehen sind. Die Globalisierung ist nicht unumstritten, aber das ist auch nichts Neues: Die Befürworter glauben an Wachstum, weiter wachsende Produktivität, steigenden Lebensstandard; die Skeptiker sehen eine Bedrohung durch verstärkten Wettbewerb, den Abbau von Arbeitsplätzen und geringere Gewinne sowie steigenden Einfluss der grossen Konzerne. Meiner Prognose nach wird die Globalisierungsdynamik anhalten. Die These lautet: *Technologische Innovationen erzwingen regelhaft zunehmende Globalisierung.*

Technologische *Innovationen* erzeugen neue Produkte und neue Dienstleistungen für neue Märkte. Sie erzeugen wirtschaftliches Wachstum und neue Arbeitsplätze, sie führen zu neuen Geschäftsprozessen. Eine Innovation beruht auf einer *Invention,* einer Erfindung, die durch das *Nadelöhr* der betriebswirtschaftlichen Kostenrechnung hindurchgegangen ist und Marktakzeptanz findet. Die Innovation ist heute ein anerkannter Schlüsselbaustein für Wachstum. Arbeitgeber und Arbeitnehmer sind sich darin einig, dass Innovationen notwendig und wünschenswert sind. Das war nicht immer so. Noch in den 80er Jahren wurde in Deutschland darüber kontrovers diskutiert. Übereinstimmung besteht auch darin, dass die Mikroelektronik eine Basisinnovation der zweiten Hälfte dieses Jahrhunderts ist mit einer grossen Breitenwirkung. *Wichtige Wirtschaftszweige* sind tiefgreifend verändert worden: die gesamte Elektronik, die Informations- und Kommunikationstechnologie, der Maschinenbau, die Mess-, Regel- und Automatisierungstechnik, die Bürotechnik, aber auch die Kfz-Industrie.

Die Produkte und Systeme dieser Wirtschaftszweige haben die *Geschäftsprozesse* bei den *Dienstleistungen,* im Handel, in der Finanzwirtschaft und in der Verwaltung stark verändert und effizienter gemacht. Einigkeit besteht auch darüber, dass diejenigen Volkswirtschaften und Unternehmen, die frühzeitig und massiv Mikroelektronik eingesetzt haben, an Wettbewerbsfähigkeit gewonnen haben, entgegen vielfachen Kassandrarufen. Allerdings wird in der Diskussion über die Technikfolgen der Vernichtungskraft des Neuen, die ich als Substitution bezeichne, zu wenig Beachtung geschenkt.

Deshalb einige Überlegungen zur *Substitution.* Sie ist die Ablösung bestehender Produkte und Dienstleistungen durch bessere und kostengünstigere Produkte, Dienstleistungen aber auch Geschäftsprozesse. Es ist eine *naive Vorstellung,* Innovationen betreiben und dadurch Wachstum zu erzeugen, die Substitution dagegen verhindern bzw. abfedern zu können. Hier wird übersehen, dass Innovation und Substitution eine *unauflösliche Einheit* bilden. Es gibt keine Innovation, die nur neue Produkte für neue Märkte schafft. Jede Innovation ersetzt auch bestehende Produkte. *Das Neue zu wollen und das Alte zu erhalten ist ein Irrtum. Je mächtiger* eine Innovation ist, und das ist die Mikroelektronik, desto mächtiger sind auch die Substitutionseffekte. Wer Innovationen betreibt, muss mit der gleichen Intensität Substitutionen betreiben. Innovationen sind beliebt, Substitutionen sind eher gefürchtet. Aber die Unternehmen, die Substitution nicht konsequent betreiben, behindern die Innovation und *vermindern die eigene Wettbewerbsfähigkeit.* Eine Schwierigkeit besteht darin, dass die *Managementqualitäten,* die Innovationen zum Durchbruch verhelfen können, ganz andere sind als jene, die für eine Substitution erforderlich sind. Ein Fehler ist es deshalb, den Innovationsprozess und gleichzeitig auch den Substitutionsprozess einem Management zu übertragen. Aber dies ist immer wieder zu beobachten.

Ich komme noch einmal auf die *Innovation* zurück. Sie ist sensibel, will gewollt und gepflegt werden. Innovationen gedeihen nur in einem dafür geeigneten Umfeld, und ich möchte zwei grundsätzliche Voraussetzungen nennen: Die *Freiheit der Wissenschaft* in dem Sinne, dass Erkenntnisse für jedermann zugänglich sind, dass sie publiziert werden, transparent, logisch, nachvollziehbar und nachprüfbar sind. Und die *Prinzipien der Marktwirtschaft,* insbesondere die Freiheit des Einzelnen in seinem wirtschaftlichen Handeln, und die Erzwingung von Wettbewerb. Diese Voraussetzungen sind jedenfalls in *demokratischen Gesellschaftssystemen* gegeben. Es ist deshalb kein Zufall, dass die Wurzeln der Mikroelektronik eindeutig in den USA zu finden sind, und es ist auch kein Zufall, dass die Beiträge zur Mikroelektronik aus dem alten Osteuropa zu vernachlässigen sind.

Ich hoffe, damit einige der wichtigen Begriffe, um die es hier geht, und die Zusammenhänge zwischen ihnen geklärt zu haben. *Unsere Gesellschaft* scheint darauf wie folgt zu reagieren: Zustimmung zur Innovation (nach langen Zweifeln), geteilte Meinung zur Globalisierung, eher Ablehnung der Substitution. Wir sollten jedoch alle Innovation, Substitution und Globalisierung als verschiedene Seiten derselben Sache verstehen lernen und als Chance begreifen, aber auch deren Folgen ernsthaft bedenken.

2 Die Mikroelektronik

Der 24. Dezember 1947 war ein warmer, schöner Tag in Murray Hill, NJ, an dem Wissenschaftsgeschichte gemacht wurde: Shockley, Bardeen und Brittain führten den ersten *funktionsfähigen «Transistor»* (ein Kunstwort aus transfer = Übertragung und resistor = elektrischer Widerstand) vor, einen elektronischen Baustein, der «ja» und «nein» sagen kann, der elektrische Leistungen verstärken kann und winzig klein ist, ein geniales Stück Technik, das den Erfindern den Nobelpreis einbringen sollte. Dieses Wunderwerk entstand in den Bell-Laboratorien, dem Forschungsinstitut der *allmächtigen ATT,* dem Telekom-Monopolisten, übrigens gefördert mit Mitteln des Pentagon. Die Erfindung regte weitere Forschung an, rief aber auch Skeptiker auf den Plan. Anfang der 50er Jahre entschloss sich *ATT zu einem bedeutsamen Schritt:* Sowohl Patente als auch know-how-Lizenzen wurden in der ganzen Welt zu günstigen Konditionen angeboten, in der Erkenntnis, dass Wettbewerb notwendig ist, um eine schnelle Diffusion dieser Innovation zu ermöglichen. ATT liess die Welt also an einer Basisinnovation teilhaben. Manchmal frage ich mich, was wohl geschehen wäre, wenn der Transistor in dem Forschungslaboratorium der *japanischen NTT* entstanden wäre.

Eine *Gründungswelle* begann. Alle bedeutenden Hersteller von Elektronenröhren, die bisher die Elektronik beherrschten, gründeten Halbleiterlaboratorien, wie General Electric, RCA, Westinghouse, Philips, Siemens, AEG. Aber es entstanden auch ganz neue Unternehmen, die Lizenzen erwarben, wie Texas Instruments (TI) in Dallas, eine kleine Firma mit bloss 5 Mio $ Umsatz. Ende der 50er Jahre war *TI bereits der Weltmarktführer für Germanium-Transistoren.* Neue Produkte entstanden, die Computerindustrie entstand, die Elektronenröhre wurde abgelöst. Die grossen, alten Hersteller der Elektronenröhren verloren Marktanteile. Anfang der *60er Jahre setzte sich Silicium* (Si) als Halbleiter-Grundmaterial durch, denn Si besitzt Eigenschaften, die wesentlich kleinere, bessere und kostengünstigere Transistoren und Dioden ermöglichten. Wiederum entstanden neue Firmen wie *Fairchild,* die schnell zum Weltmarktführer ihres Bereichs Mitte der 60er Jahre wurde.

1959 reichten Kilby und Noyce ein Patent ein, das ein Verfahren beschreibt, wie man mehrere elektronische Funktionen auf einem kleinen Kristall zusammenfassen kann. Damit begann etwa zu Beginn der 60er Jahre das *Zeitalter der Mikroelektronik.* Mikroelektronik ist die intelligente Zusammenfassung vieler verschiedener elektronischer Funktionen auf kleinstem Raum, in einem Si-Kristall, auch Chip genannt. *Ein Chip ist also ein in Materie geronnenes Wissen.* Die Funktionen werden im atomaren Bereich eines Si-Kristalls durch wenige gewollte Fehlstellen eines perfekt aufgebauten Kristallgitters bestimmt. *Grundlage* der Mikroelektronik ist das *Wissen* um die Materie und deren Beeinflussbarkeit. Ohne Grundlagenwissen keine *Begreifbarkeit,* ohne Begreifbarkeit keine *Handhabbarkeit* und ohne diese keine *Nutzbarkeit.* Die Begreifbarkeit der Mikroelektronik ist für viele verloren gegangen, dies hat Ängste hervorgerufen und die Mikroelektronik in den Augen mancher zu etwas Bedrohlichem werden lassen. Jürgen Mittelstrass hat diese Zusammenhänge in seinem Beitrag zu diesem Band sehr anschaulich dargelegt.

Es beginnt nun eine atemberaubende Entwicklung: *1970* werden bereits Chips mit *1000 Speicherzellen* angeboten, heute sind es solche mit mehreren *100 Millionen.* Die Kosten für eine elektronische Funktion auf Ebene des Chip sinken rapide und dramatisch. Speicher mit 1000 Millionen Bit (Gigabit) sind bereits vorhanden. 1974 wird der Mikroprozessor geboren, heute Herzstück aller Computer. Eine neu gegründete Firma, *Intel,* übernimmt schnell die Führung und ist heute der Welt grösster Hersteller von Mikroelektronik. Intel nimmt Rang 10 auf der Liste der weltweit grössten Firmen ein, mit einer Börsenkapitalisierung von 110 Milliarden US$; das ist etwa soviel wie Siemens, Daimler Benz und Volkswagen zusammen.

Wo stehen wir heute? Eine neue, nahezu *unbegrenzte Ressource* ist uns zugewachsen. Der Integrationsgrad, d.h. die Anzahl elektronischer Funktionen auf einem Chip, ist von 1 auf mehrere 100 Millionen angewachsen, genau wie dies Gordon Moore in seinem berühmten Gesetz vorausgesagt hatte . Die *Kosten* für eine elektronische Funktion auf einem Mikrochip sind mit der gleichen Regelmässigkeit gesunken, seit 1970 etwa um den Faktor 100 bis 200 alle zehn Jahre. Dies bedeutet eine Kostenreduktion in den letzten zwanzig Jahren etwa um den Faktor 20 000. 1970 kostete eine Speichereinheit 1.– DM, heute einige Tausendstel Pfennige. Der enorm gestiegene Integrationsgrad von Funktionen auf Chips und die dramatisch gesunkenen Kosten sind die Ursache für die *Digitalisierung* der Telekommunikation. Die menschliche Sprache ist und bleibt analog. Hat man jedoch genügend elektronische Funktionen zu geringen Kosten zur Verfügung, kann man das analoge Sprachsignal in digitale Signale auflösen. Auf diese Weise können alle Informationsarten, die Sprache, die Texte, feste und bewegte Bilder in einen einheitlichen, digitalen Datenstrom gebracht werden, der dann über ein einheitliches Telekommunikationsnetz übertragen wird. Das ist die Basis von ISDN, dem digitalisierten Netz, das Daten, Texte, Bilder und Sprache nebeneinander überträgt.

Eine weitere, praktisch unbegrenzte Ressource steht uns zur Verfügung, nämlich die der *Verarbeitungskapazität* von Informationen, die in Millionen Bit pro Sekunde (Mb/sec) gemessen wird. Das Gesetz von Joy besagt, dass sich diese Kapazität jedes Jahr um den Faktor zwei erhöht. Zur Jahrtausendwende, so die Prognose, werden wir Mikroprozessoren mit *1 000 Mb/sec* besitzen. 1980 noch hatte ein Minicomputer, eine damals sehr leistungsfähige Maschine, eine Verarbeitungskapazität von bloss *2 Mb/sec.* Die Kosten der Verarbeitungskapazität von Information sind in den letzten 20 Jahren ebenfalls dramatisch gesunken, und zwar um 4 Zehnerpotenzen. Unter Berücksichtigung einer weiteren Innovation, der *Glasfasertechnologie,* haben sich die Übertragungsraten für Informationen ebenfalls drastisch erhöht. Vor 10 Jahren arbeitete die Deutsche Telekom mit einer Übertragungsrate von 3 000 bit/sec, heute steht das flächendeckende ISDN-Netz mit 64 000 bit/sec zur Verfügung; die Fernübertragung geschieht heute mit mehreren Millionen bit/sec, und Breitbandnetze mit 140 Megabit/sec können bereits realisiert werden.

Die Verfügungmöglichkeit über diese enormen technologischen Ressourcen hatte dramatische Konsequenzen. Die Welt der *Computer,* der Informationstechnologie, der Software-Technologie hat sich zu einem bedeutenden Industriezweig und zu einem Wachstumsmotor der Wirtschaft entwickelt. Die Welt der Kommunikation hat sich durch eine Vielzahl von Innovationen verändert: Die Digitalisierung aller Informationsarten, Telefax, e-mail, Internet, Handys und Mobilfunk, Satellitenkommunikation, das digitale Fernsehen, die Bildtelefonie haben die Telekommunikation zu einem bedeutenden Industriezweig mit hohen Wachstumsraten entwickelt. Die *Geschäftsprozesse* bei Banken, Versicherungen, im Handel, bei Dienstleistungen sind effizienter geworden. Auch im Automobilbereich hat die Elektronik Einzug gehalten mit elektronischer Einspritzung, ABS, Navigationssystemen usw.

Dies alles ist ein beeindruckendes Innovationsgeschehen. Aber dieses Geschehen wurde von tiefgreifenden Substitutionen begleitet: Die *Elektronenröhre* wurde durch den Transistor verdrängt, der Transistor durch die integrierte Schaltung. Auf dem Gebiet der Röhren waren General Electric und RCA führend, auf dem Gebiet der Transistoren Texas Instruments und Fairchild, die diesen Geschäftsbereich aufgeben mussten; und bei den integrierten Schaltkreisen hat Intel die Führung übernommen. Bei *Computern* ist die Entwicklung von den Grossrechnern, den Main frame-Computern mit IBM als Marktführer, über die Mini-

Computer, die insbesondere DEC vorangetrieben hat, hin zu den Personal-Computern, mit Dell und Compaq als führende Neugründungen gegangen. In der Software hat sich Microsoft innerhalb einer Dekade die Weltmarktführerschaft erobert. Der digitale *Mobilfunk* hat sich innerhalb kürzester Zeit zu einem bedeutenden Markt entwickelt und die analogen Systeme verdrängt. Neue Unternehmen wie Mannesmann, Airtouch oder Vodafon sind zu den Gewinnern zu zählen. Die analogen Telekommunikationsnetze sind durch digitale Systeme ersetzt worden. Auf dem Gebiet der dezentralen, digitalen Vermittlungssysteme hat ein neues Unternehmen, Cisco, innerhalb einer Dekade die Marktführerschaft errungen.

Was ich Ihnen gerade vorgetragen habe kann man sehr gut durch das Studium der Fortune-500-Liste der grössten Industrieunternehmungen der Welt untermauern. 60% der Unternehmen, die noch 1975 auf dieser Liste figurierten, sind heute nicht mehr darauf zu finden. Microsoft ist Nr. 2 mit einer Börsenkapitalisierung von 208 Milliarden US$; Intel ist Nr. 10 mit einer Börsenkapitalisierung von 120 Milliarden US$; IBM ist Nr. 13 mit 110 Milliarden US$ Börsenkapitalisierung; Cisco liegt auf Platz 30, Dell auf Platz 63. Die klassischen Elektrokonzerne Siemens und Philips liegen abgeschlagen auf Platz 97 und 102 mit gerade noch 37 bzw. 34 Milliarden US$ Börsenkapitalisierung. Die Analyse dieses Innovations- und Substitutionsgeschehens lässt sich in *zwei Thesen* zusammenfassen:

1. Erfolgreichere Unternehmen sind in der Regel die *first mover* von Innovationen.

2. Unternehmen, die nicht gezwungen waren, einen Substitutionsprozess durchzuführen, sind in der Regel erfolgreicher, z.B. Microsoft, Intel, Cisco im Gegensatz zu Fairchild, Texas Instruments (TI), Siemens, Philips.

Die erste These möchte ich nicht weiter kommentieren, eine Reihe von Studien hat sie belegt. Die zweite These möchte ich durch einen persönlichen Erfahrungsbericht untermauern. Es ist das Jahr *1968*. Ich bin Leiter der Gruppe integrierte Schaltungen. Unsere Gruppe hat einige hochbegabte Ingenieure, fast keine Produkte, macht natürlich Verluste, aber hat die Idee und die Überzeugung, dass der Mikroelektronik die Zukunft gehört. Die Idee, komplette Schaltungen in einem Silicium-Kristall zu integrieren, ist genial. Sowohl die Elektronenröhre als auch die Germanium-Transistoren haben ihre Sättigungsphase längst überschritten. Wir waren in einer Fabrik mit mehr als *5 000 Mitarbeitern* untergebracht, die in Massenproduktion *Röhren und Germanium-Transistoren* herstellten. Die Produkte waren Weltklasse, die Marktanteile hoch und gute Gewinne wurden gemacht. Finanzielle Mittel und Mitarbeiter flossen vorrangig in diese beiden Kerngeschäfte. Bei einer Einführung integrierter Schaltungen erlebte ich selbst nun die vier typischen Stufen der Ablehnung:

Stufe 1: Das geht technisch gar nicht, belegt durch wissenschaftliche Gutachten und Analysen. Wir konnten beweisen, dass es doch möglich ist.

Stufe 2: Der Markt will diese Produkte nicht, diese sind höchsten für Nischen geeignet. Das war in gewisser Weise richtig, denn *der Markt sendet darüber keine Signale aus,* ob, wann, wie und mit welcher Intensität die Nachfrage nach Innovationen einsetzt. Keine Marktprognose zur damaligen Zeit hat die Intensität der Innovation Mikroelektronik auch nur annäherungsweise realistisch eingeschätzt.

Stufe 3: Ihre Planungen sind unrealistisch, im übrigen gehören sie nicht zum Kerngeschäft. Sie stören das gut laufende Geschäft mit Transistoren, was tatsächlich so war. Ich war abgestempelt, der Totengräber einer gut laufenden

Fabrik werden zu wollen. Meine Pläne galten als schädlich für das Unternehmen.

Stufe 4: Das ist nicht gut für den Menschen und die Gesellschaft. Es entbrannte jene unselige öffentliche Diskussion über die Innovation, über Wachstum, und der Slogan von der Mikroelektronik als einen Job-Killer wurde geprägt. Diese Diskussion wurde erst Mitte der 80er Jahre beendet. Sie hatte fast zehn Jahre gedauert. Ähnliche Diskussionen hat es auch im vorigen Jahrhundert gegeben, bei der Einführung von Eisenbahn und Dampfmaschine (wie von *Prof. Mittelstrass* in seinem Beitrag in diesem Band dargestellt).

Die vier Stufen der Ablehnung, die ich selbst in meiner beruflichen Laufbahn erfahren musste, machen deutlich, dass die mögliche Bedrohung durch die Substitution die Innovationskraft hemmt, insbesondere dann, wenn das bestehende Geschäft durch hohe Marktanteile und gute Gewinne geprägt ist. Deshalb entwickeln neue Unternehmen, die nur auf die Innovation setzen und die keinen Substitutionsprozess durchführen müssen, eine sehr viel höhere Innovationskraft. Deutlich wird dies an Unternehmen wie Microsoft, Intel oder Dell und Cisco.

Zuletzt noch einige Bemerkungen zum Thema Mikroelektronik und Globalisierung. Die Mikroelektronik ist der Verursacher radikaler Kostenreduktion auf dem Gebiet der Kommunikation und Information, und diese wiederum sind beide die treibenden Kräfte des Globalisierungsprozesses. Indirekt hat also die Mikroelektronik die Globalisierung entscheidend beschleunigt. Die Unternehmen der Mikroelektronik haben frühzeitig erkannt, dass einer der Erfolgsfaktoren die Entwicklung globaler Produkte ist. Die Speicher, die Mikroprozessoren, die Logikreihen sind globale Produkte und werden über weltweit operierende Vertriebsnetze verteilt. Auch kundenspezifische Systeme bauen auf globalen Bausteinen auf, die über weltweit verbundene Computer dann vor Ort zusammengesetzt werden. Aber auch die Produkte, die auf Mikroprozessoren aufbauen wie der PC, sind bereits globale Produkte mit globalen Software-Systemen. Mobiltelefon-Systeme werden heute so konstruiert, dass der Anwender, gleichgültig wo er sich auf der Welt befindet, automatisch aufgespürt und verbunden werden kann, allerdings mit einer Einschränkung: Die Netze müssen einem bestimmten Standard entsprechen. Die Standardisierung der Infrastruktur ist deshalb ein wichtiges Globalisierungselement.

4 Vorschläge zum unternehmerischen Handeln

Ich möchte zum Abschluss nun noch vier Vorschläge für eine Änderung unternehmerischen Handelns angesichts der Globalisierung unterbreiten. Im Vordergrund der heutigen Unternehmensstrategien stehen vier Dinge:
- Rationalisierung,
- Mehrung des Shareholder value,
- Kunden- und Marktorientierung,
- Definition der Kerngebiete, aufgrund von Portfolio-Analysen.

Dies ist notwendig und richtig. Aber die Frage stellt sich, ob es ausreicht. Die *Rationalisierung verbessert* das Bestehende, schafft aber nicht notwendigerweise das Neue. Mehrung des *Shareholder value* betrifft den aktuellen Wert des Unternehmens am Markt, nicht den zukünftigen. Die *Kunden-Marktorientierung* festigt und verbessert die bestehenden Marktanteile, aber der Markt sendet keine frühzeitigen Signale über Innovationen aus. Die *Portfolio-Analysen* richten sich aus an Marktanteilen, Attraktivität und Gewinnen, also an Vergangenheitswerten.

Die Innovation wird in allen Unternehmensstrategien als wichtig und als notwendig erachtet, um die Zukunft zu sichern, die Wettbewerbsfähigkeit zu steigern und die Globalisierung zu meistern. Die Innovationskraft eines Unternehmens ist also wichtig, weil sie in die Zukunft weist. *Nach welchen Kriterien kann die Innovationskraft aber beurteilt werden?* Der Anteil des Budgets für Forschung und Entwicklung am Umsatz ist sicher ungenügend, da dieser nichts über die Effektivität und die Effizienz der eingesetzten Mittel aussagt. Ein alternatives Instrument, das ich vorschlage, ist die *Innovationsrate.* Die Innovationsrate ist das Verhältnis des Umsatzes, der mit Produkten oder Dienstleistungen gemacht wird, die vor fünf oder drei Jahren noch nicht angeboten wurden, am Gesamtumsatz. In der Elektronik liegt diese Innovationsrate bezogen auf 5 Jahre bei 50% mit steigender Tendenz, bei der Mikroelektronik bezogen auf drei Jahre bei über 60%. Diese Innovationsrate muss auch auf das zukünftige Geschäft angewendet werden, d.h. es wird ermittelt, welchen Anteil am Wachstum neue Produkte haben. Vielfach werden die Marge, die Produktivität, der *return,* die Marktanteile als Unternehmensziele angegeben. Warum nicht die Innovationsrate als Vorgabe? Dasselbe muss notwendigerweise für die Substutionsrate gelten. Die Wettbewerbsfähigkeit wird meist am Marktanteil gemessen. Eine bessere Methode wäre es, die eigene Innovationsrate mit jener der Konkurrenz zu vergleichen.

Ein zweites Instrument ist die *Analyse des Lebenszyklus.* Die Produkte eines Unternehmens durchlaufen immer die folgenden Stationen: Entstehungsphase, Wachstumsphase, Reifephase, Sättigungsphase, Substitutionsphase. Die bestehenden und die erwarteten Produkte werden diesen Phasen zugeordnet und die sich daraus ergebenden jeweiligen Umsätze, Gewinne und Marktanteile berechnet. Dies wiederum ergibt ein deutliches Bild, ob sich das Unternehmen auf Innovationskurs befindet oder nicht. Wird der Gewinn nur mit Produkten erzielt, die sich bereits in der Sättigungsphase befinden, sollten die Alarmglocken erklingen.

Eine dritte Methode ist die Einführung von *Portfolioanalysen,* die mehr auf die Zukunft ausgerichtet sind, wie sie von Chan W. Kim und Renée Mauborgne vom INSEAD in Fontainebleau vorgeschlagen werden. Die These lautet, dass für strategische Entscheidungen nicht auf errungene Marktanteile und Gewinne des Ist-Geschäftes abgestellt werden sollte, sondern auf Innovationen und die damit verbundenen zukünftigen Werte. Ein so genanntes *Pioneer-migrator-settler-Portfolio* wurde vorgeschlagen. Pioneers sind wertbringende Innovationen in der Zukunft, migrators erhöhen den Wert mit Verbesserungen und Verbilligungen bestehender Produkte; und die settlers sind Geschäfte, die sich in der Sättigungsphase befinden. Mein Vorschlag wäre es, Innovation und Substitution als quantifizierte Vorgaben in die Unternehmensplanung einzubeziehen. Denn Innovation darf kein Lippenbekenntnis sein, jeder Unternehmer muss sich die Frage stellen, nach welchen quantifizierbaren Kriterien er die Innovationskraft beurteilen will und wie und wo systematische Entdeckungsverfahren durchgeführt werden.

Ein meines Erachtens entscheidender, vierter Vorschlag betrifft die *Organisation.* Der Innovationsprozess sollte von dem Substitutionsprozess getrennt geführt werden, aus Gründen, die weiter oben bereits deutlich genannt wurden. Dies wiederum bedeutet aber die konsequente Einführung von Wettbewerb im Unternehmen selbst. Dabei kann und wird es zu Doppelentwicklungen und Mehrgleisigkeiten kommen. Man sollte diese tolerieren und nicht bei nächster Gelegenheit mit Blick auf Synergiepotentiale wieder hinweg rationalisieren.

5 Zusammenfassung

Am Schluss fasse ich noch einmal zusammen. Ein wesentlicher Grund für die heutige Globalisierungsdynamik ist der scharfe Fall der Kommunikations- und Informationskosten, ein Prozess, der durch die Mikroelektronik verursacht wurde. Raum und Zeit wurden verkürzt und damit als Kostenfaktor für die Produktion relativiert. Innovationen treiben die Globalisierung voran. Sie sind Wachstumsträger und gedeihen nur dort, wo Freiheit der Wissenschaft herrscht und die Prinzipien der Marktwirtschaft gelten, wo also freier Wettbewerb herrscht. Jede Innovation verursacht Substitutionsprozesse. Je mächtiger eine Innovation ist, desto mächtiger ist auch die Substitution. Die Mikroelektronik ist eine Basisinnovation mit einer enormen Breitenwirkung: Eine praktisch unbegrenzte Anzahl elektronischer Funktionen steht uns zur Verfügung, zu Kosten, die um mehrere Zehnerpotenzen seit Beginn der Entwicklung gesunken sind. In ihrer Entwicklung wird die analoge Elektronik zunehmend durch die digitale Elektronik verdrängt, mit Auswirkungen auf alle bedeutenden Industriezweige. In diesem Innovationsprozess waren diejenigen Unternehmen erfolgreicher als ihre Konkurrenz, die als *first mover* keine Substitutionsprozesse durchzuführen hatten. Mächtige Unternehmen wie Microsoft oder Intel sind entstanden, andere wie RCA oder Fairchild sind abgestiegen oder ausgeschieden. Wer die Substitution als Bedrohung ansieht, hemmt seine eigene Innovationskraft; ich hatte Ihnen die vier Stufen der Ablehnung aufgezählt. Der Markt sendet keine Signale darüber aus wann, wie und mit welcher Intensität Innovationsprozesse einsetzen. Die Mikroelektronik verfügt heute fast ausschliesslich über globale Produkte. Jedes Unternehmen muss seine Innovationskraft nach quantifizierbaren Kriterien wie Innovationsrate, Substitutionsrate, Position der Produkte im Lebenszyklus beurteilen können: Zudem gilt es, die Innovation als einen Erfolgsfaktor verstärkt in die Portfolio-Analysen einzuführen und internen Wettbewerb zuzulassen.

Begreifen wir Innovation, Substitution und Globalisierung als Chance. Und bedenken wir immer wieder, dass dieses wirtschaftliche Geschehen mit grosser Wahrscheinlichkeit auch gesellschaftliche Strukturveränderungen bewirken wird, auf die es sich vorzubereiten gilt.

Martin Bangemann

Globalisierung: Zusammenarbeit zwischen dem privaten und öffentlichen Sektor zur Politikentwicklung*

Das Thema Globalisierung ist in aller Munde. Man gerät in Gefahr, Dinge zu sagen, die wie Wiederholungen klingen und nicht mehr wirklich bedeutungsvoll scheinen, wenn man sich doch noch einmal zur Globalisierung äussert. Anderseits können wir den Prozess der Globalisierung, der ja immer stärker die Wirtschaft, die Politik und vermutlich bald einmal auch unser kulturelles Zusammenleben auf dieser Welt beeinflusst, nicht ignorieren. Globalisierung ist mehr als ein blosses Schlagwort; wir erleben und durchleben sie.

Dimensionen der Globalisierung

An dieser Stelle möchte ich an einigen konkreten Beispielen aufzeigen, dass sich mit dem Begriff der Globalisierung wohl Probleme, aber auch Chancen und neue Gestaltungsmöglichkeiten unserer Lebensbedingungen verbinden. Grob gesagt kann man die Globalisierungsproblematik in drei Bereichen angehen: *Erstens* die Analyse der wirtschaftlichen Entwicklung; *zweitens* mit Blick auf die Frage nach den geeigneten politischen Strukturen, um mit der Globalisierung zurecht zu kommen; und *drittens* hinsichtlich der kulturellen Auswirkungen.

Gerade die letzte Frage ist bisher eher vernachlässigt worden: Was bedeutet es, wenn Menschen, die bisher in überschaubaren

---

* Öffentlicher Vortrag vom 8. Dezember in der Aula der Universität Zürich. Transkription des gesprochenen Wortes durch das Institut für Auslandforschung (SIAF).

Räumen zusammen gelebt haben – in einem bekannten kulturellen Umfeld also – nun einem Ansturm fremder kultureller Verhaltensweisen ausgesetzt sind? Hier kann es dann durchaus zu heftigen Abwehrreaktionen kommen. Grund genug also für jeden, der in der Politik Verantwortung trägt, sich einmal damit zu befassen. Denn es ist vollkommen klar: In einer Demokratie lassen sich die Chancen der Globalisierung nicht nutzen, wenn die Angst vor den damit verbundenen Schwierigkeiten überwiegt und Menschen deshalb die Globalisierung pauschal ablehnen. Wir dürfen uns also nicht der falschen Hoffnung hingeben, die Akzeptanz der Globalisierung werde schon von selbst kommen, man brauche nur abzuwarten. Im Gegenteil, die Politik muss diese Fragen aktiv aufgreifen und sich mit ihnen auseinandersetzen.

Im wirtschaftlichen Bereich wurde die Globalisierung zunächst von den Unternehmen selbst getragen, die zunehmend grenzüberschreitend tätig wurden und Betriebe in verschiedenen Ländern errichteten. Man nannte diese Firmen multinationale Unternehmen. Heute spricht man von *global players.* Alle Unternehmen, inzwischen auch kleinere und mittlere, bemühen sich, diese neuen Chancen wahrzunehmen, die dadurch entstehen, dass Grenzen verschwinden und Beschränkungen des Handels fallen. Aber man muss in dem jeweiligen Markt präsent sein, um seine Chancen zu nutzen. Wir haben also eine allgemeine Tendenz im Bereich der Wirtschaft, sich global einzustellen.

Allerdings: Die Globalisierung hat gerade erst begonnen. Zu echten globalen Produkten ist es noch nicht gekommen, solche stehen noch aus. Erste Versuche z.B. im Bereich der Automobilproduktion hat es gegeben, sie waren jedoch nicht allzu vielversprechend. Offensichtlich trifft ein echtes Weltprodukt noch auf jene kulturellen Barrieren, von denen ich vorher gesprochen hatte. Ich bin aber sicher, dass die Wirtschaft dieses Ziel weiter verfolgen wird, und dass wir durch jene neuen Technologien, die zum gegenwärtigen Globalisierungsschub geführt haben, auch ganz neue Möglichkeiten der weltweiten wirtschaftlichen Entfaltung finden werden. Führend bei diesen neuen Technologien ist die Telekommunikation. Und aus diesem Grunde wähle ich auch die Telekommunikation als Beispiel, an dem ich später dann zeigen möchte, wie sich die Globalisierung wirtschaftlich auswirkt.

Der Nationalstaat am Rande seiner Regulierungskapazität

Ein zweifellos wichtiger Aspekt im Kontext der Globalisierung ist der politische. Hier hat es einige interessante, vielfach aber auch als bedrohlich empfundene Entwicklungen gegeben. Der Nationalstaat mit seiner Rechtsordnung, seinen politischen Strukturen und seinem kulturellen Auftrag ist ganz offensichtlich als Organisationsform nicht mehr in der Lage, alle politischen Fragen zu beantworten, die sich heute angesichts der Globalisierung stellen. Ich möchte hier nicht in die Diskussion darüber eingreifen, ob der Nationalstaat «am Ende» sei. Man befindet sich aber auf sicherem Boden, wenn man feststellt: Die Kompetenz des heutigen Staates reicht vielfach nicht mehr aus, mit allen gegenwärtig akuten Problemen fertig zu werden, vom Erhalten des Friedens, der Bewahrung der Umwelt, bis hin zu ganz alltäglichen Dingen des Wirtschaftslebens.

Zum Teil sind dies Fragen, die sich früher gar nicht stellten, als die Mobilität der Menschen noch nicht so gross war wie heute, und vor allem als die wirtschaftlichen Beziehungen noch nicht weltumspannend waren. Nur ein Beispiel sei hier genannt: Kann man es zulassen, dass Menschen in anderen Erdteilen für einen Bruchteil des Lohnes arbeiten, der in den alten Industriestaaten gezahlt wird? Kann man es tolerieren, dass sie unter oft massiv schlechteren Bedingungen arbeiten müssen, dank technologischen Fortschritts aber Produkte von ähnlicher Qualität herstellen wie ihre Kollegen in den Industrieländern? Muss man also mit ansehen, wie hier den alten Industrieländern gefährliche

Konkurrenten erwachsen, weil die politischen Randbedingungen permissiver sind? Was kann man gegen *Sozial-Dumping* tun?

Mit derartigen Problemen konfrontiert uns die Globalisierung – und der einzelne Staat wird mit ihnen allein nicht fertig. Wir brauchen neue politische Strukturen auf einer höheren Ebene, über dem Staat (ich spreche ganz bewusst nicht von Institutionen, supranationalen Regierungen, Apparaten oder Bürokratien), die uns in die Lage versetzen, derartige Probleme auch politisch anzugehen, und zwar so, dass demokratische Prinzipien nicht darunter leiden. Denn je mehr Entscheidungen von örtlichen, regionalen und nationalen Ebenen auf darüber angesiedelte Institutionen verlagert werden – die Europäische Union, die ihrerseits mehr und mehr Entscheidungen an Organisationen, die weltweit tätig sind und die verbindliche Beschlüsse fassen können (etwa die WTO), delegiert – um so mehr stellt sich natürlich die Frage nach der demokratischen Legitimation. Die Hoffnung auf die Tüchtigkeit und Weisheit solcher Institutionen ersetzt natürlich nicht die demokratische Mitwirkung des Bürgers. Ohne demokratische Legitimation sind derartige Institutionen auf Dauer nicht erfolgreich.

Kulturelle Herausforderungen

Ein Wort nur zur kulturellen Dimension der Globalisierung: Das Miteinander unterschiedlicher Kulturen auf zunehmend engem Raum muss vorgelebt werden, damit es nicht zu jenem *Clash of Civilizations,* dem Kampf der Kulturen kommt, den Prof. Huntington[1] der Welt prognostiziert. Zweifel an den Überlegungen dieses Buches sind wohl berechtigt, ein gewisses Misstrauen auch schon deshalb, weil es zum *Bestseller* wurde. Aber seine These ist doch interessant: Kultur basiert auf Religion, Religion ist nicht

1 Huntington, Samuel P., The Clash of Civilizations and the Remaking of World Order. New York: Simon&Schuster 1996.

auf Verträglichkeit mit andern Religionen ausgelegt, folglich ist ein gedeihliches Zusammenleben verschiedener Kulturen schwierig. Beispiele dafür finden sich in grosser Zahl. Aber selbst wenn es wie Huntington vermutet wäre, kann und darf es in der globalisierten Welt nicht so sein. Hier liegt eine Aufgabe der Politik, nämlich für Rahmenbedingungen zu sorgen, die ein multikulturelles Zusammenleben möglich machen.

Telekommunikation – Motor der Globalisierung

Die Kommunikationstechnologie ist nicht bloss treibende Kraft der Globalisierung, sondern selbst Teil des Globalisierungsprozesses und steht mit diesem in einer Art Wechselbeziehung: Je mehr sie Teil des Alltags wird, desto stärker treibt sie die Globalisierung voran. Gleichzeitig wächst der Bedarf an derartiger Technologie, denn um global präsent zu sein, braucht man diese mehr denn je. Man kann diese Zusammenhänge in der Wirtschaft leicht beobachten: *Outsourcing* setzt entsprechende Logistik voraus, also auch Telekommunikation. Die Integration der Märkte verlangt den raschen und kostengünstigen Austausch von Informationen aller Art. Zwei Dinge leistet die Telekommunikation dabei: Sie beseitigt den Faktor «Entfernung» beim Datentransport und reduziert in dramatischer Weise die Kosten der Überwindung physischer Distanzen.

Ein aktuelles Beispiel, wie die Telekommunikation die Wirtschaft verändert, indem sie physische Distanzen irrelevant werden lässt, ist der elektronische Handel im *Internet,* gemeinhin als *e-commerce* bezeichnet. Telekommunikation erlaubt hier die Teilnahme am Weltmarkt zu fast lächerlich geringen Kosten, so dass auch kleine und kleinste Unternehmen diese Chance nutzen können. Gemeint sind nicht die *startups* dieses Bereiches selbst – also die *Internet-Provider* und die übrigen grösseren und kleineren Dienstleistungsunternehmen des *word wide web;* Unternehmen also, die wie *Microsoft* vor noch nicht allzu langer Zeit in der inzwischen fast sprichwörtlichen «Garage» gegründet werden und wenige Jahre später beim Börsengang ein Kapital gezeichnet erhalten, das demjenigen grosser und etablierter Industrieunternehmen entspricht. Nein, *e-commerce* eröffnet allen, die etwas weltweit anzubieten haben – was immer es sei – den Zugang zum Weltmarkt. Die Zugangsschranken zum Weltmarkt sinken, und zwar für alle.

Das Internet als regulatorische Herausforderung

Telekommunikation, die technische Basis des *world wide web,* ist *per definitionem* global. Das *Internet* selbst ist nur eine Anwendung dieser Technologie, aber eine anschauliche, weil an ihr die Merkmale globaler Kommunikation gut zu beobachten sind. Das *Internet* hat sich zu einer globalen Infrastruktur entwickelt, die Standortunabhängigkeit schafft: Wer sein Geschäft in wesentlichen Teilen über *Internet* abwickeln kann (wie dies bei allen sog. *knowledge workers* der Fall ist, Leuten also, die Wissen produzieren), der kann dank *Internet* seine Arbeit überall erledigen – er braucht lediglich einen Telefonanschluss.

Entstanden ist das *Internet* in der ersten Hälfte dieses Jahrzehnts naturwüchsig, fast unbemerkt. Niemand kam deshalb auf die Idee, es regulieren zu wollen. Erst im Nachhinein begannen die EU, die USA, die Benutzer und die Dienstleistungsfirmen dieses Bereichs Überlegungen anzustellen, was man an regulatorischem Umfeld überhaupt braucht. Unabdingbar ist z.B. die Definition einer elektronischen Unterschrift überall dort, wo Schriftform für eine Transaktion vorgeschrieben ist. Auch für einen funktionstüchtigen Handel über *Internet* wäre eine elektronische Unterschrift von grossem Nutzen, um einen Kauf zu bekräftigen oder die Belastung einer Kreditkarte zu legitimieren. Mit diesen Fragen befasst sich jetzt die EU. Da es sich aber mehr noch um ein globales Problem handelt, wäre ein weltweiter Standard hier nützlich.

Eine weitere Frage, die Regulierung erfordert, ist die der Besteuerung von Geschäften über das *Internet:* Wer darf wo Steuern erheben? Eine andere Problematik, die durch den Datenverkehr über das *Internet* an Bedeutung gewonnen hat, ist die des intellektuellen Eigentums, der Urheberrechte: Welchen Sinn machen noch die alten Definitionen von Urheberrecht, die ja von einem integralen geistigen Werk ausgehen? Wie lang dürfen z.B. Zitate sein, ohne Urheberrecht zu tangieren und gebührenpflichtig zu werden? Oder denken Sie an das alte *copyright.* Die physische Reproduktion eines Werkes ist leicht zu definieren. Bei seiner elektronischen Speicherung sieht es anders aus; kann man da überhaupt von einer Kopie im wörtlichen Sinne sprechen? Eine weitere Problematik in diesem Zusammenhang ist der Schutz der Persönlichkeit im Datenverkehr über Netzwerke. Gerade hierfür hat sich die EU eingesetzt. Zunächst war man in den USA diesen Anliegen gegenüber eher kritisch eingestellt. Man hielt die Angst vor dem Missbrauch von Personendaten für ein typisch europäisches Phänomen. Amerikaner hätten nichts dagegen, wenn man ihre Daten speichere, und auch die kommerzielle Nutzung solcher Datenbestände sei kein Problem. Dies hat sich inzwischen geändert, weil die Realität der Nutzung von Personendaten gerade in den USA alle Erwartungen übertrifft. Amerikanische *Internet Provider* haben auf der Basis des *Internet*-Verkehrs ihrer Kunden (welche *web*-Seiten wurden von wem wie oft besucht) Profile des Konsumverhaltens erstellt und verkaufen diese an interessierte Unternehmen. Man beginnt bereits, diese Datenbestände für Hochrechnungen mit Blick auf das zukünftige Konsumverhalten der betreffenden Personen zu nutzen – und zwar ohne dass diese davon irgend eine Ahnung hätten. Dies geht inzwischen selbst vielen Amerikanern zu weit. Man beginnt deshalb jetzt auch in den USA darüber nachzudenken, wie solche Datenbestände wirkungsvoll geschützt werden können.

Kluge Regulierung: gegenseitige Anerkennung statt Harmonisierung

Wie kann hier regulierend eingegriffen werden, und zwar global? Und wer soll dies tun, angesichts der Tatsache, dass es eine «Weltregierung» (zum Glück) ja nicht gibt? Es gibt auch keine internationale Institution, die unbestritten die Kompetenz zur Regulierung des Datenverkehrs über das *Internet* besässe. Einige Fragen der vorher genannten Art könnte man eventuell in der Welthandelsorganisation (WTO) regeln – z.B. das Problem der Besteuerung. Aber für den Regulierungsbedarf des *Internet* schlechthin ist die WTO natürlich nicht verantwortlich. Genau hier hat nun die EU-Kommission mit ihren Überlegungen angesetzt, zu einer ganz anderen Art von Politik zu kommen. Wir haben die Erfahrungen, die wir innerhalb der EU mit Blick auf die Regulierung vieler anderer Bereiche machen konnten, hierbei genutzt. Denn auch im Falle des *Internet* geht es ja darum, divergierende nationale Normen oder Regelungsversuche durch gemeinsame Regeln zu ersetzen.

Auch im Falle des *Internet* wurden zunächst Fehler begangen, weil allzu starkes Gewicht auf das Ziel der Harmonisierung gelegt wurde, d.h. den Ersatz aller relevanten nationalen Regeln durch einheitliche europäische, am besten globale. Bei der Regelung anderer Bereiche in der EU haben wir den Versuch zur Harmonisierung nach wenigen Jahren aufgegeben, weil er sich als allzu schwierig herausstellte. In der Tat genügt es ja, wenn man die gegenseitige Anerkennung nationaler Regeln durchsetzt. Wenn also eine nationale Regelung ein Minimum an Schutz bietet, etwa für den Verbraucher, kann sie durch ein anderes Mitgliedsland der EU anerkannt werden. Ein Produzent, der in Portugal gemäss dortigen Vorschriften Waren für den Markt der EU herstellt, kann davon ausgehen, dass er diese in anderen Staaten der EU auch absetzen darf. Mit diesem Ansatz zur Regulierung hat sich die EU nicht nur viel Arbeit, sondern auch viel Ärger erspart.

Wir müssen also ein Verfahren entwickeln, durch das wir die Grenzenlosigkeit der globalen Netze in einer neuen Art von Politik einfangen, um dann die notwendigen Regeln zu treffen. Wie sieht nun dieses Verfahren aus? Am Beispiel der Industriepolitik in der Europäischen Union haben wir eines inzwischen gelernt: Politik, die nicht von Anfang an diejenigen mit einbezieht, für die man Politik macht, bleibt unvollständig und wird nicht voll akzeptiert. Wer sich in den Elfenbeinturm zurückzieht und über ideale und elegante Lösungen nachdenkt, dem entgeht die Erfahrung derjenigen, die mit dieser Lösung nachher leben und arbeiten müssen. Auch die Vorstellung der repräsentativen Demokratie, durch Abgeordnete jene Erfahrung in die Parlamente einzubringen, die für die Entwicklung guter Lösungen notwendig sind, greift heute vielfach zu kurz. Deshalb haben wir in der Europäischen Union beschlossen, den Betroffenen in der Industrie zunächst einmal den Spielram für die Entwicklung eigener Regeln zu lassen – eine nicht unbedingt neue Idee (denken Sie an die Zünfte des Mittelalters), die aber für unsere Zeit wieder neu entdeckt werden musste.

Die Kommission der EU hat also alle Beteiligten im Bereich *Internet* dazu eingeladen, sich einmal selbst Gedanken darüber zu machen, welche Regeln für die Besteuerung von Geschäften via *Internet* sinnvoll wären. Entstanden ist der *global business dialogue,* in dem Privatfirmen, aber auch Gewerkschaften und Verbraucherverbände vertreten sind. Repräsentanten aller dieser Gruppierungen setzen sich nun zusammen und diskutieren die genannte Frage: Wie müsste ein Besteuerungssystem aussehen, das dem *Internet* und seinem Geschäftsverkehr am besten entspricht? Natürlich werden diese Kreise nicht über die Höhe der Steuern befinden können; aber in welcher Weise man im Bereich des sog. *e-commerce* am sinnvollsten Steuern erhebt, das können am besten die Praktiker selbst klären.

Ein anderes Beispiel ist der Datenschutz: Gelingt es der Industrie, wie dies vor allem amerikanische Firmen propagieren, ein System des Schutzes von Persönlichkeitsdaten aufzubauen, in dem diese selbst die Regeln durchsetzt, die Datenschutz garantieren? Wenn ja, dann braucht die Politik nicht tätig zu werden. Andernfalls muss eine gesetzliche Regelung für Datenschutz im *Internet* geschaffen werden. Wir sind in diesen Fragen wirklich offen. Die Richtlinie, die wir zum Datenschutz in Netzwerken erlassen haben, hat eine Öffnungsklausel. Wenn ein Handelspartner der EU dieselben Ziele, wie sie die Richtlinie anvisiert, durch andere Mittel erreicht, z.B. durch eine Selbstverpflichtung der Wirtschaft, wäre die EU damit einverstanden. Wir akzeptieren also die Verantwortung derjenigen, die mit diesen Gesetzen leben und arbeiten müssen.

Die Industriepolitik der EU als Vorbild

Schon in unserer Industriepolitik haben wir nach diesem Prinzip gehandelt, und es hat sich bewährt. Gegen das Projekt einer eigenständigen Industriepolitik der EU gab es zunächst Widerstände, weil man die Ziele missverstand. Mit Industriepolitik assoziierte man in den Mitgliedsländern der EU Protektionismus, Verstaatlichung, Subventionierung usw. Es geht aber um etwas ganz anderes, nämlich ein Vorgehen gemäss Regeln der Marktwirtschaft, aber unter Berücksichtigung der Tatsache, dass unterschiedliche Branchen auch unterschiedliche Probleme haben.

Ein gutes Beispiel gibt die pharmazeutische Industrie ab. Eines der Probleme dieser Branche war die lange Dauer der Verfahren zur Zulassung neuer Medikamente, was die Zeit der exklusiven kommerziellen Nutzung verkürzt, weil der Patentschutz läuft. Damit bestand die Gefahr, dass sich Forschung und Entwicklung neuer Medikamente in einigen Fällen nicht mehr auszahlen. Heute wird in der EU die Dauer, während der das Medikament für die Zulassung geprüft und getestet wird, auf die Zeit des Patentschutzes hinzugerechnet und an jene Zeiten minimalen Schutzes «angehängt», den die Berner Konvention bereits vorsieht. Eine Agentur in London wurde geschaffen,[2] ein sehr bewegliches System entwickelt, das auch mit der gegenseitigen Anerkennung derartiger Tests arbeitet: Wenn national ein Medikament in der EU anerkannt ist, dann gilt dies heute für die gesamte Europäische Union. Falls ein Mitgliedsland jedoch Zweifel an der Zulassung eines Medikamentes hegt, muss es sich an die Agentur in London wenden, und diese entscheidet. Es gibt aber auch ein zentrales Verfahren: Die Agentur kann auf Antrag ein Medikament auf Zulassung prüfen, und falls erfolgreich, ist dieses Medikament in allen Staaten der EU zugelassen.

Dieses Verfahren funktioniert hervorragend, und es hat massgeblich zur Stärkung der Wettbewerbsfähigkeit der europäischen pharmazeutischen Industrie beigetragen. Entstanden ist es ausschliesslich durch die enge Zusammenarbeit zwischen der Kommission der EU und der Industrie. Die Politik sollte sich also nicht vor einer Zusammenarbeit mit den privaten Teilnehmern in einem Markt scheuen, um auf diese Weise sinnvolle rechtliche Regeln zu entwickeln, wenn es denn solche überhaupt braucht. Natürlich regelt die EU entsprechende Bereiche nicht im Detail; sie entwickelt Richtlinien, deren Umsetzung dann den Parlamenten der Mitgliedsländer überlassen bleibt. Wenn es dabei zu geringfügigen Abweichungen kommen sollte, so gilt auch hier die Regel der gegenseitigen Anerkennung nationalen Rechts in der EU. Damit wäre also bewiesen: Wir können regional, ja vermutlich auch global zu vernünftiger und «sparsamer» Regulierung kommen, wenn diese aus den unmittelbaren Problemen der Beteiligten erwächst, ihre Erfahrung berücksichtigt und sie in die Umsetzung mit einbezieht. Eine «Weltbürokratie» zur Regulie-

2 Die Europäische Agentur für die Beurteilung von Arzneimitteln (EMEA, *European Agency for the Evaluation of Medicinal Products*).

rung von Globalisierungsfolgen ist also überflüssig, wie die Zusammenarbeit zwischen Industrie und Politik in der EU zeigt.

Technische Lösungen statt Regulierung

Selbstverständlich gilt dies nicht nur für die pharmazeutische Industrie, sondern auch für andere Bereiche, etwa die Telekommunikation. Ich geben Ihnen ein Beispiel, womit ich auf die kulturelle Dimension der Globalisierung zurückkomme: Wie ist mit der Tatsache umzugehen, dass ein Angehöriger eines gewissen Kulturkreises bestimmte Inhalte des *Internet* ablehnt? Es geht hier nicht um illegale Inhalte; da könnte man sich vermutlich weltweit einigermassen rasch einigen. Es gibt bestimmte Dinge, die sind so gut wie überall verboten; diese Dinge aus dem *Internet* heraus zu halten, ist im wesentlichen ein technisches Problem, nicht eines der politischen oder moralischen Bewertung. Allerdings gibt es Internet-Inhalte, die zwar nicht illegal sind, aber in gewissen Kulturen als anstössig gelten. Auch in diesem Falle ist politische Regulierung überflüssig – sie wäre auch schwierig. Auch hier existieren technische Lösungen für das Problem: Mit der Förderung der EU hat das *World Wide Web Consortium* (W3C) ein System entwickelt, mit dessen Hilfe Medieninhalte nach bestimmten Kriterien charakterisiert und selektiert werden können (*Platform for Internet Content Selection* PICS). Man kann nun das Empfangsgerät, z.B. den eigenen Computer, so programmieren, dass er die Entgegennahme von Daten mit bestimmten Inhalten, die man als anstössig klassifiziert hat, einfach verweigert. Eine derartige Frage politisch regeln zu wollen, wäre angesichts der kulturellen Vielfalt unserer Welt schlicht unmöglich.

Überhaupt ist es ein Kennzeichen der gegenwärtigen Situation der neuen Medien, dass viele Fragen, die auf den ersten Blick nach Regulierung rufen, schlicht durch Technik gelöst werden können. Allerdings ist es gerade diese Art der technischen Bewältigung regulatorischer Probleme, die manche Leute erschreckt. Es handelt sich im Grunde um eine Art postmoderne Entwicklung. Der Begriff der Postmoderne ist sicherlich unscharf. Aber wenn man versucht, ihn zu definieren, so bedeutet er offenbar folgendes: Verzicht auf universelle, allgemein gültige Regeln, weder für die Probleme der Wahrheitsfindung noch für moralische Fragen. Wir erleben das Miteinander einer Vielfalt von möglichen Einstellungen: *Anything goes.* Wer nun in dieser Welt lebt, braucht nicht darauf zu verzichten, seine eigenen Massstäbe anzulegen, ganz im Gegenteil. Angesichts der Fülle des Angebotes kann jeder sich seine individuelle «virtuelle» Welt schaffen und in dieser leben, soweit er anderen dieselbe Freiheit zubilligt: eine im Grunde fundamental demokratische Einstellung auch gegenüber anderen Werten.

Die Globalisierung hat zweifellos Regelungsbedarf entstehen lassen. Allerdings wird man dieser Herausforderung nicht im herkömmlichen politischen Stile gerecht. Wir müssen vielmehr einen Mix schaffen aus Selbstregulierung der Industrie, ihrer Beteiligung auch an der Gesetzgebung, aus der Nutzung technischer Möglichkeiten, und letztlich auch aus traditioneller Rechtsetzung. Auf letztere lässt sich nicht ganz verzichten. Aber wer nur mit ihr allein in der globalisierten Welt für ein geordnetes Miteinander sorgen will, wird scheitern. Dieser Mix aus staatlicher Regelung, Selbstregulierung, Beteiligung der Industrie und Technik ist das Muster, nach dem wir in der Europäischen Union vorgehen wollen. Wir schätzen die neuen Freiheiten, die uns die Datennetze bringen, und wir wollen sie in verantwortlicher Weise nutzen.

Nicht alle teilen allerdings diese unsere Überzeugung. Dies wird sehr deutlich an der Frage der Verschlüsselungstechnologie. Hier sind die Amerikaner (und in der Europäischen Union auch viele der Innen- und Justizminister der Mitgliedsländer) der Meinung, man dürfe keine leistungsfähigen Verschlüsselungssysteme zulassen. Heute gibt es Verschlüsselungssysteme auf dem Markt, die faktisch nicht mehr zu «knacken» sind. Es ist also möglich, Informationen perfekt geschützt über das *Internet* oder andere Infrastrukturen zu verbreiten. Diese Möglichkeiten kann sich natürlich auch das organisierte Verbrechen zu Nutze machen. Die Verantwortlichen für die innere Sicherheit und den Rechtsfrieden haben nun begreiflicher Weise Angst, dass solche Möglichkeiten in erster Linie zu illegalen Zwecken genutzt werden könnten. Man ist nun in den USA auf die Idee gekommen, jedem Benutzer einer derartigen Verschlüsselungstechnologie die Hinterlegung des Schlüssels bei den Behörden zwingend vorschreiben zu wollen. Bei Vorliegen eines entsprechenden Verdachtes wären die Behörden dann in der Lage, den Inhalt verschlüsselter Informationen zur Kenntnis zu nehmen.

Meiner Meinung nach ist diese Idee abstrus: Wenn man gewissen Organisationen schon kriminelle Absichten unterstellt, warum sollten sich diese ausgerechnet in der Frage der Verschlüsselung an die gesetzlichen Vorschriften halten? Man «bestraft» mit der Vorschrift zur Hinterlegung des «Schlüssels» zu einem Code also nur die rechtschaffenen Benutzer der Verschlüsselungstechnologie. Mit anderen Worten: Auch die Vorstellungen von Sicherheit und Rechtsfrieden müssen den neuen technischen Möglichkeiten Rechnung tragen, um Sinn zu machen. Es lassen sich durchaus rechtsstaatliche Lösungen der gerade genannten Problematik der Verschlüsselung entwickeln, wenn man die technische Seite der Sache versteht. Üblicherweise bleiben die Hersteller der Verschlüsselungssoftware im Besitz des Schlüssels – zum Schutz des Kunden, falls dieser ihn vergisst oder auch ganz buchstäblich verlegt. Man könnte sich also z.B. vorstellen, dass auf richterliche Anordnung hin der Hersteller den Schlüssel den Behörden übergeben muss.

Abschliessende Bemerkungen: Weiterbauen an Europa

Ich denke, dass wir in der Europäischen Union in der hier geschilderten Weise eine Möglichkeit gefunden haben, grenzüberschreitend und wirkungsvoll zu regeln, und zwar in einer Weise, an die man bei der Gründung der EU als Montanunion und (danach) als Wirtschaftsgemeinschaft noch gar nicht denken konnte. Damals ging es darum, den Frieden in Europa zu sichern. Das ist uns auch gelungen. Es gibt heute wohl kaum jemanden mehr, der kriegerische Auseinandersetzungen zwischen den Mitgliedern der EU für möglich hielte. Gerade wegen dieses unbestreitbaren Erfolges haben allerdings einige das ursprüngliche Problem der Organisation des friedlichen Zusammenlebens der Völker in Europa bereits wieder aus den Augen verloren und stellen die Frage nach dem Sinn der europäischen Integration. Wozu brauchen wir also die Europäischen Union?

Darauf gibt es eine ganz einfache Antwort: Wenn wir unsere eigenen kulturellen Wertvorstellungen schützen, unsere politischen Regelungsmöglichkeiten nutzen und schliesslich auch unsere wirtschaftlichen Chancen mehren wollen, dann wird das heute in der globalisierten Welt kein europäisches Land allein können – es geht nicht. Die speziellen Vorstellungen Frankreichs in der oben angesprochenen Frage der Verschlüsselung sind beispielsweise in der EU zur Kenntnis genommen worden; anderswo auf der Welt, etwa in den USA, spricht niemand darüber. Nur die Europäische Union verschafft den Staaten Europas einen wirkungsvollen Rahmen für ihre Positionierung in einer globalisierten Welt. Wir brauchen also die Europäische Union, um unseren eigenen Vorstellungen im Prozess der Globalisierung Gehör zu verschaffen. Wir brauchen die Union auch, um wettbewerbsfähig zu bleiben, in direktem wirtschaftlichen Sinne, aber auch darüber hinaus. Denn nur die Verflechtung mit dem globalen Markt kann sicher stellen, dass wir auch wettbewerbsfähig bleiben, also fristgerecht die notwendigen Anpassungen vornehmen.

Was dies bedeutet, lässt sich sehr gut an der gegenwärtigen Krise Japans ablesen. Japan ist nach wie vor ein reiches Land mit einer Industrie, die technologisch enorm leistungsfähig ist. Warum ist die Wirtschaft Japans aber derart eingebrochen? Dafür gibt es (neben anderen) auch eine einfache Erklärung: Japan ist eine Insel, hat keine direkten Nachbarn. Es gibt keine «Asiatische Union», in der Japan genötigt wäre, mit seinen Nachbarn Korea, China, den Philippinen und anderen Staaten zusammen zu arbeiten. Folglich fehlte, anders als in Europa, der Druck zur Anpassung der eigenen Strukturen. Wir in Europa besitzen die Fähigkeit zur Zusammenarbeit. Wir mussten diese natürlich erlernen, was zu Beginn nicht einfach war. Inzwischen ist die Fähigkeit zur Zusammenarbeit aber alltägliche Erfahrung in der EU. Davon profitiert auch die Wettbewerbsfähigkeit unserer Industrie. Sie hat in Europa gelernt, sich zu positionieren, und das kommt ihr auf dem globalen Markt nun zugute.

Wir haben also guten Grund dafür, an Europa weiter zu bauen. Es geht nicht mehr nur um den Frieden in Europa. Vielmehr sorgt unsere Politik, wie ich sie hier geschildert habe, für den Erhalt von Lebenschancen für unsere Bürger. Dies hat man auch ausserhalb der EU erkannt, wie sich leicht an der Zahl der Beitrittskandidaten zur EU ablesen lässt. Und die Entwicklung geht weiter, etwa mit dem Euro, und dies zur Überraschung auch mancher Beobachter. Noch im letzten Jahr gab es in den USA Zweifel, ob die EU den Fahrplan für die Schaffung der gemeinsamen Währung werde einhalten können. Auch der Euro trägt wegen seines Gewichtes als grosse Währung zur Stärkung Europas in der internationalen Politik bei. Die Schaffung des Euro war keine einfache Aufgabe. Gerade in Deutschland war viel Überzeugungsarbeit notwendig; Widerstand kam auch aus Kreisen des wissenschaftlichen Sachverstandes. Aber ich bin sicher, dass in fünf Jahren niemand mehr von den damals diskutierten Problemen sprechen wird. Europa kommt voran und wird sich in der globalisierten Welt durchsetzen.

The Rt. Hon. The Lord Dearing CB

Education in Times of Rapid Social and Technological Change

Introduction

Thirty years ago I encountered an argument in a book, «The Temporary Society» by two American academics, that we were living in an age of unprecedented change.

Thirty years on I find myself making the same statement of today's world, and facing the same challenges to justify the claim, as I offered thirty years ago to Warren Benis, one of the authors of that book.

I have been publicly challenged for example by a British academic who argued that the pace of change was even faster in first century Rome, in renaissance Florence, and in Britain during the seventeenth century. My counter was that what differentiates the present age from the very different explosions of creative energy and the development of knowledge in those ages, is the new technology of our age – namely the gift of instantaneous mass communication on a global scale through modern information technology – which by creating, not an interacting City or an interacting Country, but an interacting World – greatly accelerates the assimilation of knowledge and underpinning this creation of new knowledge and new technologies. I might have added the sheer number of researchers in the present age, not just in academe but also industry, now engaged in this process.

It is said for example, that in any year there are likely to be published 100 000 theorems in mathematics, and in the space of two years a million research articles in chemistry. I am told that in the field of biology university curriculas are having to be rewritten every few years, and in my own subject, business studies, far more new books are being written every year than anyone can ever read. In addition to that the whole world of knowledge has itself expanded into new areas: into areas of study that did not exist 2000, 500 or 300 years ago, for example in communications itself; in computer science; psychology; genetics to mention a few that come immediately to mind.

As for social change, two powerful engines have been driving change forward. First a steady increase of the wealth in the western world. Second the availability of mass education, associated with the progressive extension of an initial right to be educated to the age of thirteen, to the common practice today for young people to remain in education or training to the age of eighteen. We have societies in which a third or nearly half the population proceeds to higher liberal or technical education. The pace of change has been all the speedier in the western world by the weakening of the anchor of religion as the place of religion and established values in the life of everyman has been eroded. It is well expressed by the poet Matthew Arnold in his poem Dover Beach in which he said

«The Sea of Faith, was once too at the full
But now I only hear,
Its melancholy, long, withdrawing roar,
Retreating … down the vast edges drear,
and naked shingles of the world.»

In the century since that poem was written the ebb tide has continued. I would be remiss if I did not refer to the changing and already much changed role of women in society, first as citizens, as entitled as men to participate in the democratic process through elections, second as matching men in their commitment to education, and finally through the growing practice of women to continuing to work and develop their careers after marriage, in order to achieve and sustain a high standard of living. With those brief remarks which I concede do not offer any rigorous proof, I hope I have done enough to illustrate the underlying premise of this lecture that we live in times of rapid social and technological change or, as I have contended, unprecedented change.

1 The Premises

And now to education in such times. As a preliminary to what I want to say may I offer a number of propositions, and then see where they lead us.

I begin from the proposition that education is a «good» in its own right, as a principal means by which human beings are enabled to fulfil their potential in life.

Two, it follows from this that education must be apt both for the individual (and I put considerable emphasis on the word individual) and apt for the society in which the individual will realise his or her potential.

Three, if we live in times of rapid social and technological change, it follows that if education is to be apt it must respond to the needs of the times: however much we value what was good in the past, we have to ask whether it is equally good for the present, and in particular in equipping people to be personally and socially effective throughout a lifetime of 70 or 80 years recognising that in an increasingly integrated world, that means for many an understanding of other cultures.

Four, the willingness and indeed the need of society either to finance or play a large part in financing of that investment in individual people through education, is justified by the realisation that the economic well-being of each nation is increasingly bound up with scale, quality and effectiveness of its provision for education, and I will argue here, that this applies not only during the years of compulsory schooling but throughout the whole of working life, and some would argue throughout the whole of life. The State investment in education is further justified by a realisation that the effectiveness of a democracy depends very much on the capability of people through education to make informed judgements and participate fully in the democratic process.

Proposition five, the stakes are rising all the time in that the level of education needed, especially to enable the individual to be effective economically and for a society to be economically effective, is increasing, for reasons which I will develop later.

My final proposition is that in many countries, as the confidence of humankind has increased through its increased understanding of the external world, and as the basis for a shared system of values has diminished – in response to the diminished influences of religion in society and the challenges from philosophers over the last 200 years to the basis for any well-founded system of values – so education has found itself in a world in which teachers lack an ambient culture in which they can draw upon some coherent account of what is considered important in human life, and as a result, it seems that in circumstances of such uncertainty, the economic role of education has become increasingly the dominant one. And that itself is a source of tension, particularly in the teaching and academic communities who feel a sense of frustration that education as a good in its own right seeking to offer people the whole realm of knowledge and experience, has given priority to the economic needs of the individual and of society.

I am not here expressing a valued judgement on what I see is happening. Indeed I rejoice that economic necessity is causing society to invest more and more in the educational capital of citizens and is thereby equipping them to live more fully, and throughout life to explore the whole range of knowledge as they choose. But nevertheless, at least in my own country, there is the sense of the absence of bearings reflecting for many the lack of an intellectually compelling basis for a code of moral values or a consensus on the purposes of life. Economic ends are not sufficient.

2 The Issues

In setting out so explicitly a number of propositions I am living dangerously: but as I have no academic reputation to defend, I am taking the risk of setting out these propositions and considering where they appear to be taking my country, and, as I see it, many others.

If I can go straightaway to the economic dimension of education: it seems clear to me that when around the 1870s, across the world, nations were developing the provision of education, as a right to all children up to say the age of 13, this was is essentially a response to an economic need.

In justifying State provision of mass primary education in the 1870s the British Prime Minister, Benjamin Disraeli, said «Upon the education of the people of this country the future of this country depends.» Britain had perceived that to compete in the provision of advanced manufactures with Germany, France, and more widely, it needed a work force educationally equipped for that purpose. And as the educational levels of achievement needed for effective participation in an increasingly technologically advanced society also rise.

In the last decade or so we have seen the emergence of mass higher education with nations lifting participation in university education, which 50 years ago would encompass 2 or 3% of the population but now encompasses 20 or 30 or 40%, or more, of the age group.

Still more recently it has become commonplace to say that in an age of fast change, where careers for life and jobs in particular enterprise for life, are a thing of the past, we must all engage throughout life in continuing education and training, to maintain our ability to be economically effective. Advanced technology companies are themselves becoming learning societies and as companies increasingly become global in their operations, and as the World structures itself into major trading groups, so education is adapting by providing an increasingly international dimension to its content. All these changes are needed to ensure that education is apt for the individual and society in the very important business of earning a good and increasing standard of living. We live in an age where high and increasing standards of living have become the expectation of every man and woman in the western world.

I wish there was time to digress here on the increasingly international dimension that education will need to take in its higher levels, and the extent to which higher education has become an internationally tradeable commodity, but that would require a lecture in its own right.

Concentrating therefore on my main themes, I pose the question whether the economic imperatives I have outlined, change in the future. I think not.

Will these economic imperatives change in the future? Looking ahead to the next 20 years I think not.

We have only to reflect on the implications of the aspirations of the 40% of the world's population who live in the subcontinents of India and China – aspirations which are evidently beginning to be fulfilled – to become themselves great economies, competing effectively with the West. The prospect of competing head to head with those countries, paying wage rates a small fraction of those in the West, prompts the realisation, well expressed to me earlier this year by the Deputy Prime Minister of Singapore, that there is no future in head to head competition with those two subcontinents and that the future lies in being always ten to twelve years up the learning curve. That means a continually increasing level of investment in high level education and training, as those two other subcontinents increase their own investment in education to fulfil their own aspirations.

This is raising as an issue, almost everywhere, the rising cost of funding a continuing expansion in the provision of education. In many parts of Europe this issue is the more pointed because there are other growing demands on State funding, notably in welfare, in health care, and in the provision for pensions for the elderly. Perhaps the last of these is the nearest to my heart as I look at the diminishing proportion of the population of working age. Throughout the European Union, whereas 30 years ago a typical woman had 2.7 children the figure is now 1.4. The proportion of the elderly in the population is increasing at twice the rate of the population as whole. The cost of healthcare of the aged is many times that of younger people. For all of us the cost of healthcare is increasing as medical science advances, and new and expensive treatments become available.

In these circumstances, and a reluctance of governments to raise taxes, in many countries the related issues of university funding and the quality of the student experience at university have become major issues of public debate.

In my own country after a period of 20 years in which the unit of resource per student for teaching had been reduced by 40%, and the Government of the day was contemplating a further sharp reduction, three years ago there was a crisis in the relations between the universities and Government. It led to the appointment of a Committee of Inquiry, which I chaired, which contemplating the options came to a clear conclusion that Government plans for further sharp reductions in the unit of resource must be abated, and that a new source of funding must be found. Our solution was to propose that graduates, after completing their university education, when incomes reached a threshold level should pay back 1/5 of the cost of the higher education they received. We concluded that this was equitable because our research showed the students themselves are the principle economic beneficiaries of higher education (receiving a personal return of 12% in real terms compared with a calculable return to society about half that) and because the rate of pay back of the fifth we sought was to be closely related to the graduate's ability to pay. The Government did not adopt our proposals in the form they were put: but it accepted the thrust of our analysis, as well as the case we made for fees. In fact it adopted proposals that would raise even more money than we had proposed.

In France and Germany I hear growing concern about the overcrowding universities and the need to find a new way forward. About three years ago the French minister of education said that almost everyone agreed on the need for reform but almost everyone agreed that reform was impossible. Nevertheless, in June of this year I heard his successor putting forward important proposals for reform to improve quality. In Germany there have been student demonstrations in support of reforms to improve quality, whilst in Athens, where I was only three weeks ago, students were demonstrating against the reforms being put forward by Government. In the Netherlands, with concerns about the cost of higher education the Government had already introduced student fees at levels similar to those proposed by my Committee. The Netherlands Government has also decided to seek to reduce the cost of higher education by laying down that unless students complete their degree programmes in four years rather than the typical five or more years taken by most of them, the financial support that is at present provided to students by grant, will be converted into repayable loans. Looking further afield, in Australia and New Zealand, fees were introduced a few years ago and in Australia they have recently been increased from 20% of the cost of tuition to figures ranging up to 40%.

In Japan, much of the provision of higher education, is provided by private institutions, whilst in emergent countries like Korea paying for higher education is taken for granted. Nevertheless, in Japan the Government has been looking at ways of making their universities more cost effective.

I am convinced that in the advanced world (where all economic problems are slight compared with those of the developing world) the right solution is not to diminish quality or to withhold the provision of higher education from those who can benefit from it. It is rather to find new sources of funding, if they are needed, to safeguard quality. Contribution from the graduate is one of the sources. But I also believe that in the long run universities with aspirations to sustain quality will have to draw upon their own intellectual capital to seek to develop alternative sources of funding.

I will in a moment turn to the issue of research in that context and more broadly, but it would be remiss if in dealing with the problem of adequate university funding I did not address the issue of the efficiency with which our universities use their resources. I have referred to the 40% reduction in the unit of resource in Britain in the last 20 years, and in other countries too there have been cost pressures. In arguing that we should not seek to solve financial problems by reducing quality, I do not wish to argue that there is no scope for becoming more effective:

indeed there is, by the application of mind with the same zest and incisiveness that the academic brings to bear in teaching, scholarship and research. New technologies give new opportunities both in teaching and more generally in the effective management in the use of resource. There is for example a case, perhaps especially in universities whose primary role is teaching rather than research, to consider a new approach to the academic year in countries like mine, so as to minimise the need for heavy investment in new buildings as higher education continues to expand. In Britain a powerful incentive has been a prompt to such thinking by a decision by Government not to provide funding for the expansion of the building stock of universities. It remains to be seen how influential that prompt will be.

Let me turn now to the issue of research. If as I believe and have argued, the future of advanced economies lies in a knowledge and research based economy, then there is a clear national interest in nourishing a nation's research base. But research, while justified as necessary pursuit to enrich the quality of teaching, to provide society with cohorts of trained researchers, and to provide a nation and its industries with access to the frontiers of new knowledge, will not make its full contributions to the funding of higher education, or to the national economy, unless there is some translation from the findings from research into goods and services. In my own country and in many others there has been a historic tradition of distancing university research, which is fundamentally the pursuit of knowledge for its own sake, from research in industry, which is typically product oriented research and in particular the application of research. That tradition is strong but there has been new thinking, most especially in the USA, but more widely.

My observation is that the universities must give their minds to obtaining a greater dividend from their own research, never of course to the exclusion of the overriding orientation of the university to the pursuit of knowledge for its own sake. But applied research has its place in the university as does the application of any research to economically relevant ends. I do not want to speak at length on this issue, but it seems to me especially in the physical sciences, medicine and engineering, that the cost of research is becoming so high that universities will often see advantage in partnership of research with companies at the leading edge of the application of science, to their mutual benefit. They may also see benefit, as my Committee of Inquiry recommended, in Governments being prepared to encourage young graduates and young academics to exploit ideas they have developed by setting up companies to exploit them. To that end in Britain a fund of £40 million to provide risk capital has just been established to encourage such a process, and I was very interested this summer to hear the then German Federal Minister for Education expressing the results of a survey which had been recently undertaken in his country which showed that 23% of undergraduates were seriously interested in the possibility of going into business on their own account. Since the dynamic of any economy depends upon the size and liveliness of its small firms sector, in a world where an increasing proportion of our young people are going into universities, it is surely relevant to encourage in their minds the thought of becoming entrepreneurs rather than employees of large corporations.

May I turn briefly now to learning throughout life. I have made the case for it out of economic necessity, both for the individual and for society. I believe for the reasons I have given that a new source of funding will be required for this, and I believe it will need to be the individual or his or her employer, except where the individual is unemployed or is a married woman without resources, seeking after childbearing to re-enter education and eventually the workplace. But perhaps more significantly the extended practice of life long learning will offer a growing area of fruitful partnership between the university and the world of commerce and public service. The university has a good deal to gain from such partnerships not just in terms of welcome income from fee paying students, but in terms of mature students having experience to contribute to learning and debate, thus enriching learning for all. Learning partnerships with industry will help faculties to keep in touch with the latest developments in their disciplines in industry and commerce, not to mention opportunities for consultancy and contract research. I believe that life long learning will lead to partnerships between groups of universities spread across the globe with global corporations. Indeed this is already happening to the advantage of both sides.

May I mention in parenthesis here that the practice of life long learning is being seen as so much part of life in the future that in Britain proposals are being developed for each individual to have a personal learning account, in part funded by the state, in part by the individual. At times this account is seen as being in deficit and replenished later. Apart from developing a new source of funding for education, this thinking links into a view advocated by my Committee of Inquiry on the Future of Higher Education, that funding should come increasingly from the individual, thus increasing the influence of the individual, and ensuring that institutions are responsive to the actual needs of individuals.

I said amongst my propositions that the form of education we offer must be apt for the individual and for society. This has led us in Britain, in the specific context of life long learning, to the conclusion that one of the prime purposes of compulsory education and indeed of university education thereafter must be to equip students to manage their own learning for life. It is now the held view in my country that young people at the age of 13 should be introduced into this process quite formally, and maintain, with the assistance of their teachers, a record of their own learning plans and intentions as well as of their achievements. My Committee recommended that this process should continue throughout the undergraduate years. Students will review and reassess their learning plans and achievements regularly, and we see the resulting record as being very relevant to people when they have finished their education in discussions with prospective employers.

Life long learning has led us to two other conclusions. It led my Committee to urge that in a world of fast change education must be rather more broadly based in Britain than it has hitherto been. Our practice has been distinguished from that of most of the world by its close focus after the age of 16. Employers have represented to us that in a quickly changing society there must be a broader educational base that people can build on throughout working life. In our report we made recommendations designed to respond to that representation.

A further conclusion was that we must seek to develop a number of basic skills and competences that underpin all learning to a high level, namely skills of communication, mathematics, and the use of information technology. We have also sought to reduce the historic walls that have divided academic or liberal education on the one hand from vocational education on the other.

May I take this opportunity to canvass a strongly held personal view that if education is so fundamentally important to people and to society, and if the quality, effectiveness, and fitness for purpose of education will increasingly distinguish the economically successful from the less successful advance nations, then it follows that the education – and here I have in mind teaching and the management of learning – must itself be of the highest standard. The British Government is developing proposals, which it sees as among the most important initiatives, to enhance quality of teaching in schools for decades. Education and its improvement is the central issue of Government policy. My Committee in its report recommended that in the universities we must seek to redress the imbalance that has existed down the generations between the standing of university research and the standing of university teaching, by encouraging recognition that teaching is a high profession in the university in its own right. To that end we proposed, for the first time, that the academic community should create its own professional Institute for the Management of Learning and Teaching which would award associate membership, full membership, and fellowship according to the levels of achievement of the individual academic. We even ventured to propose that newly appointed academics should not be confirmed in their appointments until they had achieved the standards required by the Institute for associate membership. I am glad to say that plans are now well advanced for establishing the Institute, although it will be for each university to decide whether confirmation in appointments is dependent on being awarded associate membership of the Institute, through demonstrating the required standards in teaching. We also made radical recommendations to the academic community to take collective responsibility for maintaining at least minimum standards for the awarding of university degrees so that as we progress further into mass higher education it is not at the expense of the standards required for degrees. In making these initiatives we had very much in mind that we owed it to the student to ensure that their learning experience was of high quality and that the awards they achieved had standing in the market places of the world.

May I now briefly address my thesis that the needs of the individual and society bear very directly on the content and nature of education, not just in the university but also in schools.

May I illustrate this by reference to my own country and Japan. In Britain over a period of 30 or 40 years, but perhaps particularly over the last 10 years since the introduction of the National Curriculum, we have sought both to give a new breadth to compulsory education; at the same time we develop the creativity of the individual child, but have found that there has been some lack of achievement in the basic skills in mathematics and national language. There have been worthwhile achievements: our children have a curiosity that is not provided by rote learning; the breadth of the curriculum has given them a scientific and technological education that has been historically missing, as the entitlement of every child. But we have been increasingly concerned that, to equip children to be effective learners throughout life and to make them effective participants in an advanced society, if they choose to leave school at 16, we must redress an inadequate average standard of achievement in relation to many other nations in the basics of language and of mathematics. By contrast, Japan which has achieved such high standards by a very rigorous approach to school education, demanding great application and much rote learning, has become convinced that this approach is not the one that would best serve Japan's interests in the next century. Educationalists in Japan have concluded that its educational strategy if they are to equip today's young people to continue to enjoy a high and increasing standard of living over the coming decades, when major countries of the less developed world become major centres of manufacture, should not seek to base their economy so predominantly on excellence in mass manufacture, but increasingly on a people with a disposition to question orthodox thinking and whose creative and imaginative potential is nourished. In the words of the Japanese Central Council for Education, educational policy in Japan must be to create a «zest for living».

We have become in Britain particularly aware that in the world of the next 20 and 30 years, those who at school do not achieve the basic capability to become effective and willing participants in education for life may be increasingly excluded from the mainstream social, political, and economic life. Some 6 million of our people, and I am referring to a country with a population of 55 million, are said not have the skills of language and mathematics to enable them to participate fully in the world of which they are part. They are sometimes described as functionally illiterate.

Other countries will also have their proportion who fare ill at school and emerge ill prepared for life.

We live in a society which year by year increases in wealth, but one in which the gap between the incomes of the well to do and the poorer people gets larger in much the same way as the gap between the rich and the poor nations of the world itself gets larger.

We are seeking to respond to this moral and social problem by identifying low performance in our primary schools and responding to it. We are creating education action zones with special funding to raise educational achievement in areas of low income, when attainment at school is low. We are also seeking to respond to it by realising, as I argued earlier, that education must be apt for the individual and that not all children, especially as they progress into adolescence, are motivated by academic learning. We have therefore decided, and very rightly, to have much wider options from the age of 14 including vocational learning which includes commercial and industrial experience. In this we have much to learn from our neighbours in Europe. At the same time, a University for Industry is to be created for which the preparatory work is now taking place, one of whose initial prime responsibilities will be to establish contact with those who have come out of school poorly prepared for life, and who, whatever age they may be, have inadequate skills in the basics of language and mathematics, and to address their needs. The title University may well be changed for this institution, for its remit is much broader than that associated with a university, but its role in promoting life long learning for all is fundamentally important and it is intended to become a major part of the British provision for education.

This lecture would be incomplete if I did not address the needs of those in our era of rapid change, whose educational aspirations after school years are not within the province of the universities, and which lie most especially in developing technical skills. Britain's greatest need for several decades has been to increase the number of high level technicians and continually to update the skills of craftspeople and technicians. Such people lie at the core of any economy and the priority area for investment to expand the provision for tertiary education in the United Kingdom will therefore rightly be in our colleges for further education, rather than in the universities. A high percentage of these students will be part-time, and will spare all age groups.

May I now turn to the last of my propositions: that many parts of the western world have become societies without a firmly established system of shared values, or a basis for them. Nor are we a society which has a shared view on the purpose of life itself. It reflects the long erosion of religion in our national life: the extent to which many countries have become multi-cultural societies, particularly since the Second World War, and the extent to which the philosophers since the time of David Hume have been unable to establish for us an incontestable basis for moral or ethical values, in the absence of one given to us by a widely shared, active religious belief. As a result, in my country we find our teachers struggling to find an intellectually satisfying basis for the moral and spiritual dimension of education, and that as a result it is often weakly provided. The popular entertainment children receive through television is by no means filling any vacuum in the development of an ethical or idealistic basis for life. Perhaps one of the greatest issues of our times is, therefore, to reach some consensus in answer to the question, in the words of a present day Scottish philosopher, Professor Stewart Sutherland, «What it is for human beings to flourish» and in the light of that to reassess the goals and purposes of education. My own judgement is that such is the economic pressure to advance in the economic purposes of education, that there is danger that these will increasingly become its purpose to the detriment of the nourishment of all that it is to be human, as well as to be economically prosperous.

In such a world I believe it is one of the duties of higher education to continue to defend learning and the pursuit of knowledge for its own sake, whilst at the same time resolutely refusing to accept as some would contend that a discipline is unworthy of university study unless there is an established canon of knowledge. Rather, the university should see the whole world of knowledge, however new, and however much its boundaries may be changing, as a proper subject for research, study and teaching. I would also contend that one of the purposes of the university is to raise with students the ethical and moral issues which will inescapably impact on them throughout life. The university should identify itself as an important element of the conscience of society. It should fearlessly hold before us a mirror of our society, in which the reality is exposed, and particularly of the quality of the democracy in which we live.

While I thought it relevant to touch in this lecture on the implications of any lack of a shared system of values and a shared view of the purpose of life, in all other respects the history of education in this century has been a heroic one, heroic in the recognition that the masses can benefit from apt education to a much higher extent than was ever conceived by our grandparents. Lives have been enriched culturally and materially in consequence. Education has been highly adaptive to the needs of society and to technological and social change.

Looking to the next century, the opportunities are both dazzling and awesome as the continuing explosion of knowledge, perhaps most especially in genetics and communication and information technology, impacts on our lives. If we are to respond adequately to this emerging world, and escape the only half perceived dangers that will arise, particularly in safeguarding the planet itself, perhaps the greatest issues facing us in education and in government will not lie in the quest for ever increasing wealth, but with the help of the social sciences, the moral philosophers, and hopefully the churches will lie in finding a consensual response to an extended version of the question posed by Professor Sutherland «what is it for human beings and humankind to flourish in a world at peace with itself and the earth in which we have our being».

ULRICH SEIFFERT

DER INGENIEUR IM SPANNUNGSFELD VON UNTERNEHMERISCHEN, TECHNOLOGISCHEN UND GESELLSCHAFTLICHEN ANFORDERUNGEN

Die zweite Hälfte des 18. Jahrhunderts hat gezeigt, dass ohne einen technologischen Wandel die Existenz der Europäer als Industrieregion stark gefährdet war. Bis Mitte der 90er Jahre haben die Naturwissenschaften den technischen Fortschritt geprägt. Neuzeitlich sind die Konturen verwischter. Für viele ist der Schlüssel zum Erfolg die Innovation. Diese darf aber nicht eine hektische Suche nach Utopia sein, sondern bedeutet: in der Zukunft denken, das Machbare definieren, das Richtige gestalten und Grenzen der Technik verschieben. Während in der Forschung noch mehrgleisig systemanalytisch gearbeitet werden kann, heisst Entwickeln, Innovationen erfolgreich umzusetzen. Der Ingenieur ist mehr denn je ein wichtiger Teil der Gesellschaft auch mit der Aufgabe, die Technikakzeptanz aufrechtzuerhalten. Im folgenden möchte ich dies an drei Gebieten erläutern. Dies sind:

- Der Produktentstehungsprozess
- Allgemeine Wissensanforderungen
- Die Notwendigkeit für sinnvolle Innovationen

Der Produktentstehungsprozess beinhaltet zunehmend die Zusammenarbeit aller am Prozess beteiligten Bereiche, um die Anforderungen entsprechend *Bild 1* zu erfüllen.

Bild 1: Anforderungen an das Automobil

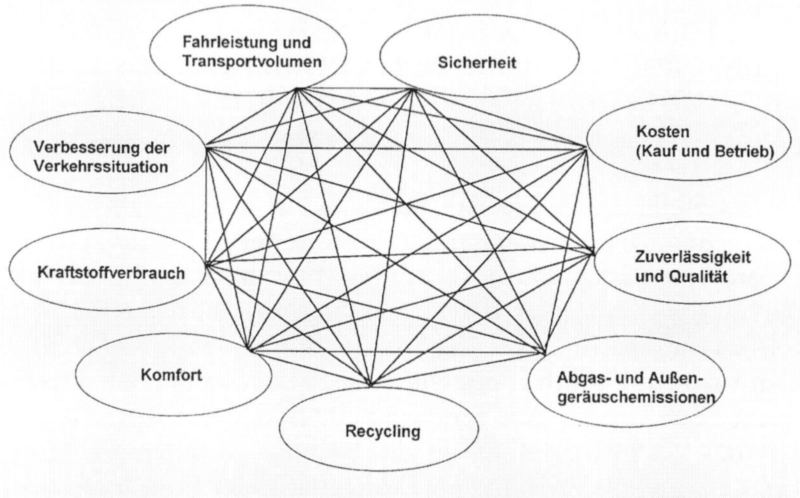

Nicht das Optimieren eines einzelnen Gebietes, sondern das Gesamtoptimum ist gefordert. Speziell im letzten Jahrzehnt haben sich die externen Einflussfaktoren entsprechend *Bild 2* wesentlich verstärkt.

Bild 2: Externe Faktoren für Automobilhersteller und Zulieferanten

- Globalisierung
- Fragmentierung des Produktangebotes – jeder Hersteller besetzt Nischen
- Fragmentierung der Märkte «Entwicklungsländer fragen nach Produktion im Land und neuester Technologie»
- Simultanes Entwickeln
- Plattformstrategien
- Modulentwicklung und -produktion
- Neue Logistik- und Vertriebstechnologien
- Neue Produktionssysteme (Smart, LKW-Fabrik von VW in Brasilien)
- Weltweite Überkapazität
- Technologiewettbewerb zwischen Asien, Europa und USA

Unter diesen Randbedingungen muss der Ingenieur seine Produkte definieren. Interessant ist dabei, dass zahlreiche Fahrzeughersteller alle Nischen besetzen möchten, Beispiele hierzu sind der «new beetle», *Bild 3*, und der Audi TT *(Bild 4)*.

Bild 3: New Beetle als Beispiel für Emotionalität

Quelle: Volkswagen AG

Bild 4: Audi TT als Beispiel für das Besetzen von Nischen

Quelle: Volkswagen AG

Mit Studien werden sehr häufig Kunden- und Marktreaktionen erforscht. Ein Beispiel dafür ist die AL 2-Studie von Audi *(Bild 5)*, die auf der IAA in Frankfurt im Jahr 1997 gezeigt wurde.

Bild 5: Audi-Studie AL 2

Quelle: Audi AG

Bei der Neuorientierung weg vom reinen Entwicklungsprozess hin zum Produktentstehungsprozess sind neue Organisationsformen für die Zusammenarbeit notwendig. Besonders wichtig ist die ausreichend präzise definierte Zusammenarbeit zwischen dem Projektmanagement und den Fachbereichen *(Bild 6)*.

Bild 6: Entwicklungsprozess → Produktentstehungsprozess

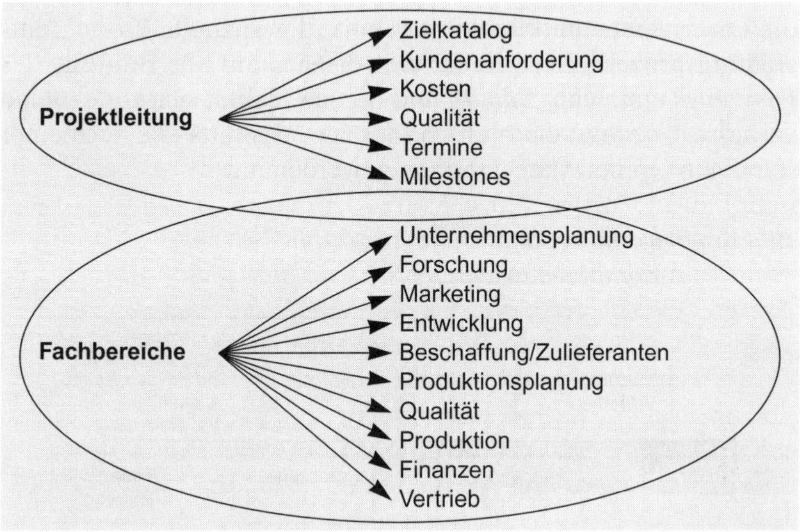

In diese Zusammenarbeit muss auch der Zulieferant, sei es für Module, Bauteile oder für Entwicklungsarbeiten mit eingebunden werden. Entsprechend *Bild 7* bedeutet dies in vielen Bereichen eine Erweiterung der Ingenieuraufgaben, z.B. Zielkosten ≈ *Target costing* oder das Denken in «Fehler Null»-Systemen.

Bild 7: Allgemeine Anforderungen an einen Zulieferanten

Zu der Erweiterung der Ingenieurkompetenz gehört auch die Kenntnis über eine grosse Anzahl von anderen Disziplinen wie die Lasermesstechnik in der Analytik, der virtuelle Produktentstehungsprozess, die Berechnung, die sich auf alle Bauteile des Fahrzeugs erstreckt *(Bild 8)*, und deren Qualität sich zunehmend verbessert, obwohl die Mensch/Maschine-Schnittstelle noch einer ständigen Optimierung unterzogen werden muss.

Bild 8: Berechnungsanwendungen für die Automobilentwicklung

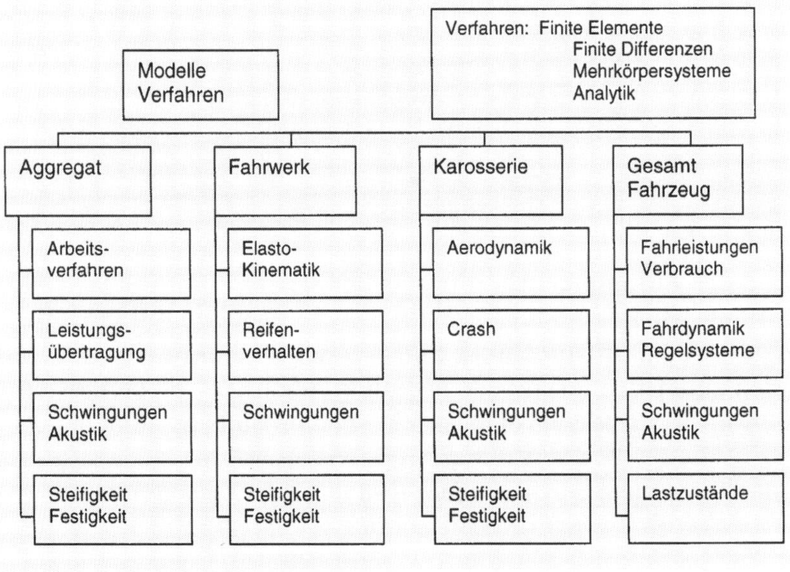

Auf *Bild 9* ist die finite Elementstruktur eines Fahrzeuges nach einem Aufprall gegen ein festes Hindernis (Schräganprall) dargestellt.

Bild 9: Crash-Simulation

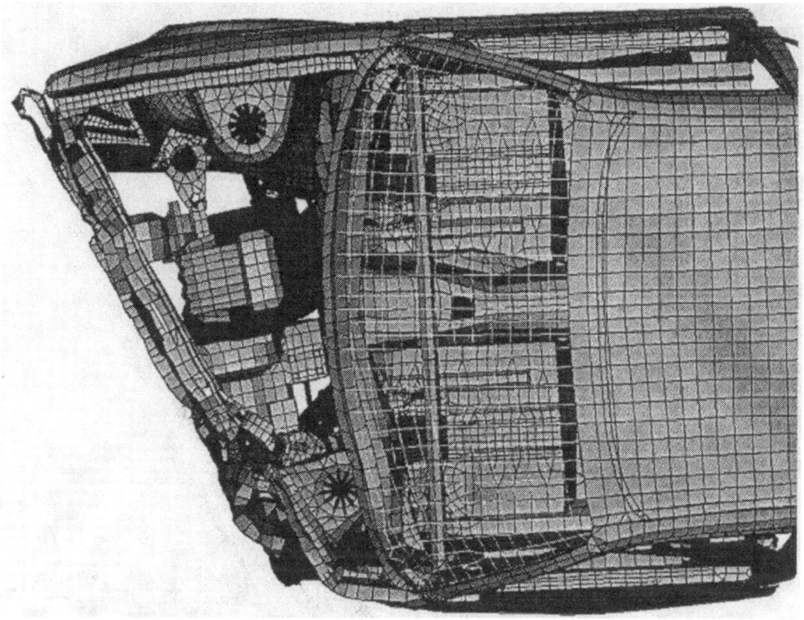

Neben den Kenntnissen über die verschiedenen Methoden muss der Ingenieur auch die Kundenwünsche, die gesellschaftlichen und politischen sowie die gesetzlichen Anforderungen kennen. *Bild 10* erläutert die Wünsche von Käufern, wenn sie nach den Eigenschaften ihres neuen Fahrzeuges gefragt werden, wobei hier eine Mehrfachnennung möglich war.

Bild 10: Der Stellenwert verschiedener Kaufkriterien

Anteil «äusserst wichtig/wichtig» (in %)

Sicherheit	95	Spass am Autofahren	51
Qualität/Zuverlässigkeit	93	Vollzähligkeit der Ausstattung	50
Wirtschaftlichkeit	85	Vielseitige Nutzungsmöglichkeiten	48
Niedriger Treibstoffverbrauch	84	Grosser Kofferraum	44
Fahrverhalten/Strassenlage	81	Gestaltung des Innenraumes	42
Umweltfreundlichkeit	78	Formgebung/äusseres Design	40
Preiswürdigkeit	78	Hohe Motorleistung	25
Fortschrittliche Technik	73	Auto mit Persönlichkeit und Charakter	22
Komfort/Bequemlichkeit	62	Sportlichkeit	18
Geräumigkeit des Innenraums	55		
Kompakte Aussenmasse/handlich wendig	53		

Kenntnisse müssen auch über globale Klimaveränderungen, *Bild 11* zeigt die Temperaturentwicklung, die CO_2-Konzentration und die Länge der Sonnenflecken, aber auch über Gesamtemissions- und Energieketten vorhanden sein.

Bild 11: Temperaturentwicklung der Erde

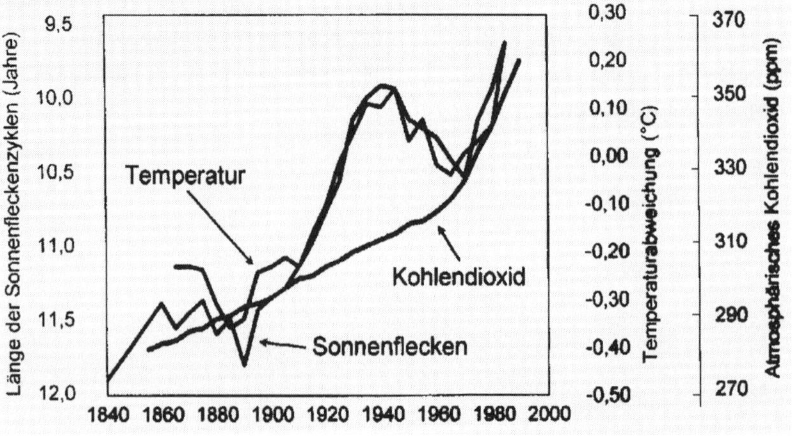

Die Komplexität des Transportes *(Bild 12)* ist eine andere Einflussgrösse, die sich auf das Produkt Automobil zunehmend stärker auswirkt.

Bild 12: Die Komplexität des Transportes

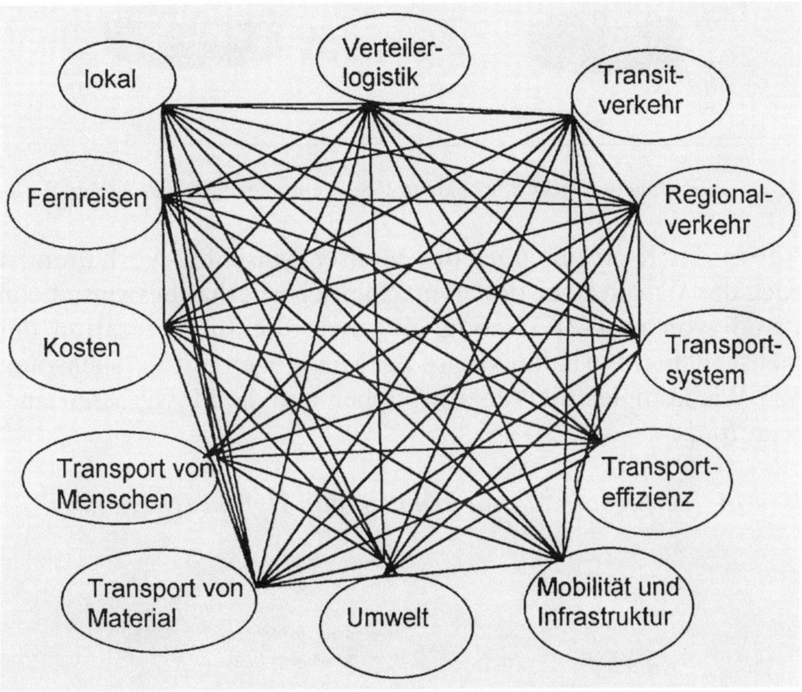

Zunehmend wird von den Produzenten der Fahrzeuge auch die Lösung der gesamten Verkehrsprobleme erwartet. Dabei ist es notwendig, dass die Verkehrssysteme untereinander bei gleichzeitiger Optimierung der Einzelsysteme vernetzt werden. Der hohe prozentuale Anteil der Beförderung von Menschen durch den Individualverkehr und von Gütern auf der Strasse ist u. a. auch auf die grossen Vorteile desselben zurückzuführen. *Bild 13* zeigt die prozentuale Verteilung des Transports von Menschen und Gütern.

Bild 13: Prozentuale Verteilung des Personen- und Güterverkehrs

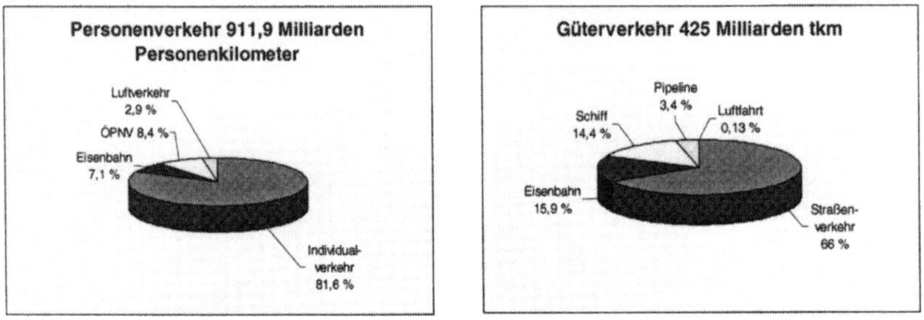

Quelle: Verkehr in Zahlen 1998 Deutscher Verkehrs-Verlag Berlin

Neben der Kenntnis über das Mensch/Maschine-Verhalten ist auch das Wissen über die biomechanische Verhaltensweise beim Unfall von grosser Wichtigkeit sowie die Interpretation der menschlichen Verhaltensweise bei Messungen mit Versuchspuppen. Wie komplex die Versuchspuppen und die Messgrössen sind, zeigt *Bild 14.*

Bild 14: Verfügbare Messaufnehmer anm Hybrid III-Dummy

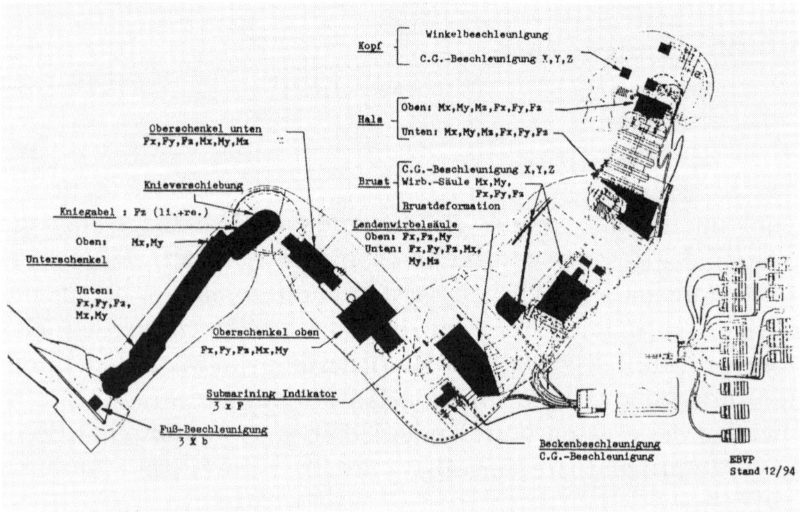

Diese Komplexität findet man auch bei den angewandten Beurteilungskriterien für die Versuchspuppenmessung, *Bild 15.*

Bild 15: Beurteilungskriterien für Versuchspuppen

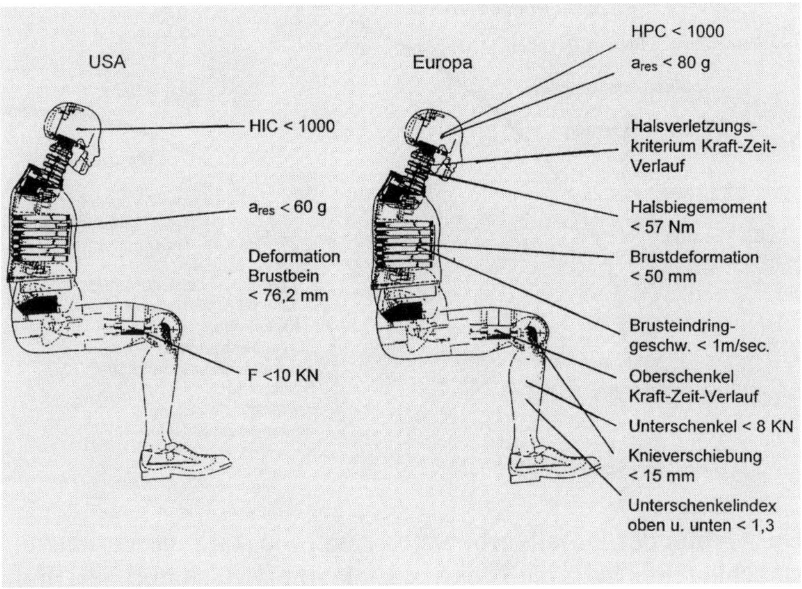

Trotz gleicher Versuchspuppen werden in den USA und in Deutschland unterschiedliche Kriterien für die Beurteilung der Leistungsfähigkeit des Fahrzeuges beim Frontalaufprall angewandt.

Im Gegensatz zur Unfallfolgenmilderung bietet das Gebiet der Unfallvorbeugung noch ein wesentlich höheres Potential für die Reduktion der Unfälle *(Bild 16).*

Bild 16: Möglichkeiten der Unfallvorbeugung

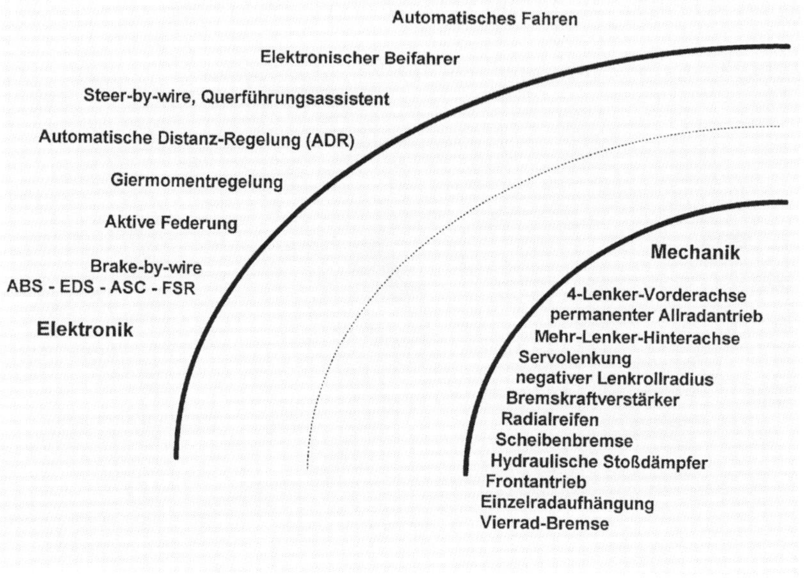

Das Gebiet der Unfallvorbeugung zeigt, wie stark die Vernetzung verschiedener Systeme Elektrik/Elektronik/Mechanik innerhalb und über Kommunikationssysteme und Sensorik auch ausserhalb des Fahrzeuges ist.

Der Umweltschutz bezogen auf das Automobil bedeutet den sorgfältigen Umgang mit den natürlichen Ressourcen und geringe Abgas- und Geräuschemissionen. *Bild 17* gibt einen Überblick über die zukünftigen Europäischen Abgasgesetze. Das technisch Mögliche und Umsetzbare wird vom Kunden «Gesetzgeber» erwartet.

Bild 17: Zukünftige Abgasgesetzgebung in Europa

Gesetz-regelung	CO	NO	HC	HC + NO	Partikel	Formal-dehyde	NMOG
Euro IV 2005 Diesel	0,5 g/km	0,25 g/km		0,3 g/km	0,025 g/km		
Euro IV 2005 Otto	1,0 g/km	0,08 g/km	0,1 g/km				
SULEV*	1,0 g/mi 0,62 g/km	0,02 g/mi 0,0125 g/km			0,01 g/mi 0,006 g/km	4,0 mg/mi 2,5 mg/km	0,01 g/mi 0,0062 g/km

*) unterschiedliche Fahrzyklen

Bild 18 zeigt die Fortschritte der Gesetzgebung in Europa seit 1970; *Bild 19* verdeutlicht, wie sich dies auf die Umwelt auswirkt.

Bild 18: Fortschritte der Gesetzgebung in Europa seit 1970

Figure 1

Evolution of Community Passenger Car Emission Standards

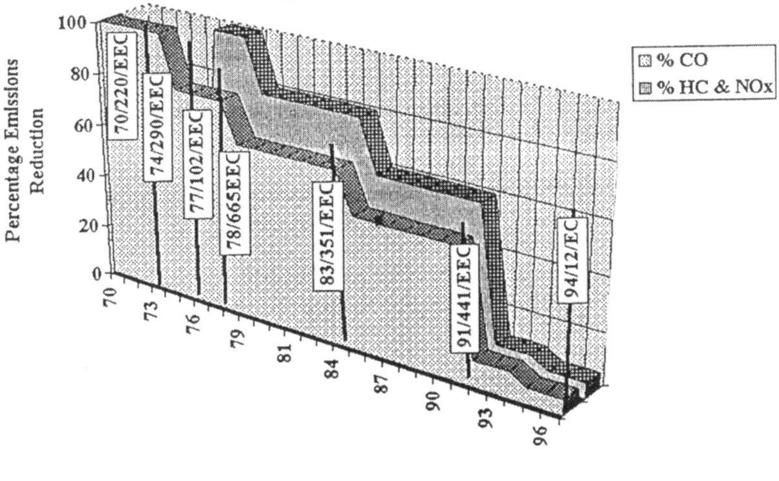

*Bild 19: Prognose der Pkw-Emissionen in Deutschland
Szenario: Neue Horizonte*

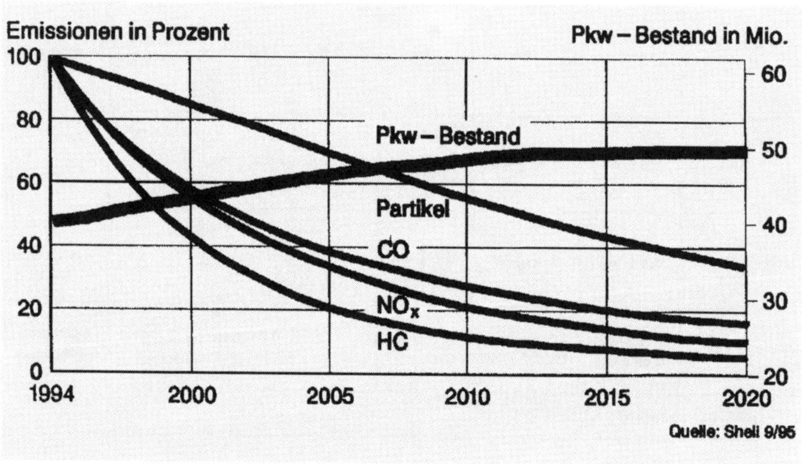

Bei der Bewertung von alternativen Energien müssen bezüglich ihrer Auswirkungen immer die gesamten Energieketten betrachtet werden. *Bild 20* stellt mögliche Energiequellen für den Automobilantrieb dar. Zur gesamten Energiekette gehört auch das Recycling.

Bild 20: Mögliche Energien für das Automobil

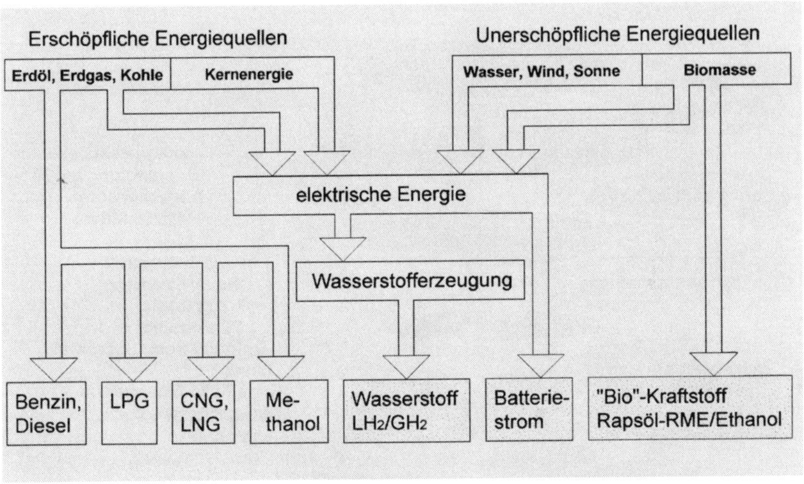

Quelle: Goubeau (2)

Die Konsequenz aus der vorherigen Betrachtung, in der die zwei Gebiete Produktentstehungsprozess und allgemeine Wissensanforderungen zusammengefasst behandelt wurden, ergibt folgendes Anforderungsprofil an den Ingenieur:

- kundenorientiert
- weltoffen, geistig und körperlich mobil
- an gesellschaftlichen Themen interessiert und engagiert
- mehrsprachig
- kostenbewusst
- teamfähig
- fähig, in vernetzten Strukturen zu denken
- kommunikationsfähig
- neugierig, wissenshungrig

Im dritten Komplex möchte ich auf die Notwendigkeit von Innovationen und die grosse Fortschrittsgeschwindigkeit, die zur Zeit vorherrscht, eingehen.

Bild 21: Zusammenhang zwischen Innovationen und technischem Fortschritt.

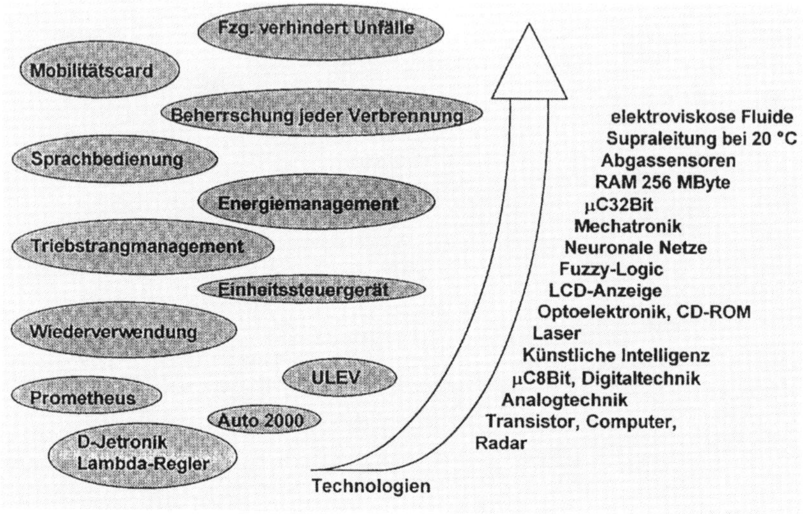

Bild 22: Einige zu lösende Zukunftsaufgaben

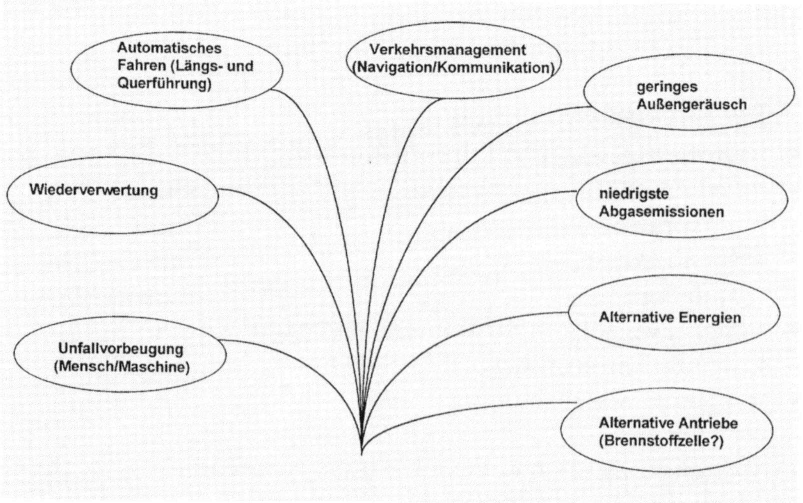

Dabei muss das Machbare immer im Auge behalten werden. Dies kann man sehr schön am Vergleich von möglichen Veränderungen der Antriebstechnologien sehen *(Bild 23)*. Systeme mit niedrigem Reifegrad haben entsprechend langfristige Einsatztermine.

Bild 23

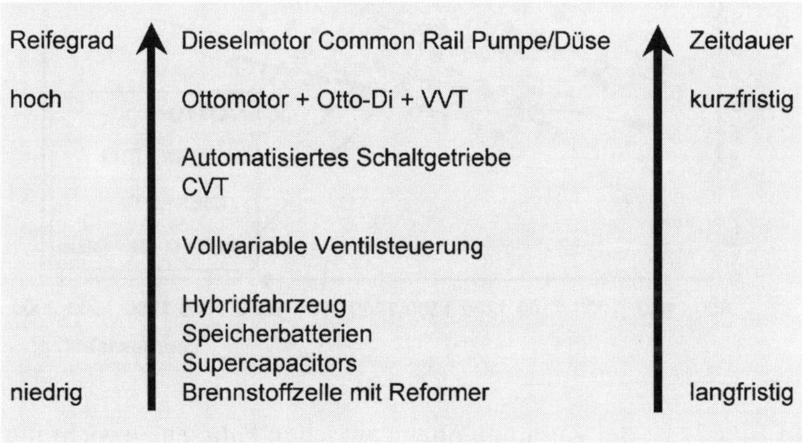

Der Zwang zur Reduzierung des Verbrauchs von fossilem Kraftstoff wegen der CO_2-Problematik zwingt auch zur deutlichen Reduzierung des Fahrzeuggewichts *(Bild 24)*.

Bild 24: Kraftstoffverbrauch von PKW-Otto- und Dieselmotoren

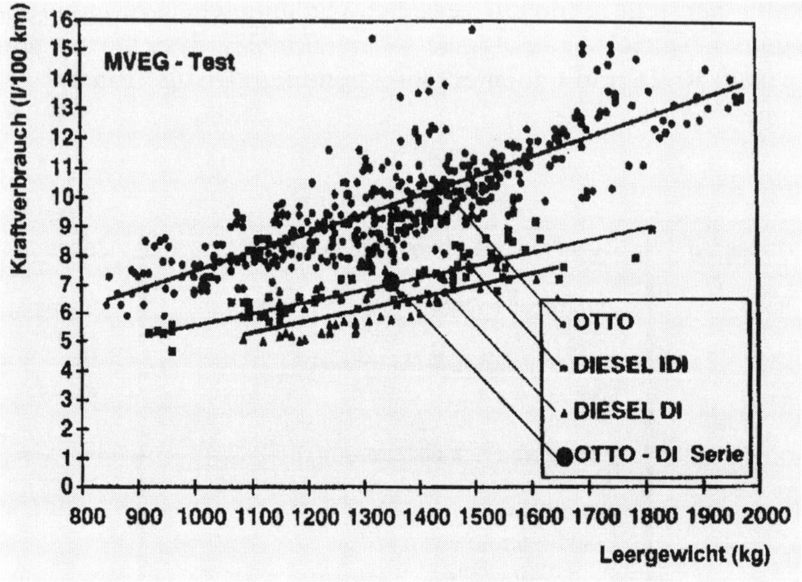

In *Bild 24* ist der Zusammenhang zwischen Fahrzeuggewicht und Kraftstoffverbrauch für verschiedene Motorisierungen dargestellt. Leichtbau erfordert wiederum den Einsatz von Werkstoffen, die zusammen mit den angepassten Fertigungsverfahren diesen Leichtbau ermöglichen. *Bild 25* zeigt die entsprechenden Veränderungen im Fahrzeugbau.

Bild 25: Veränderungen der Werkstoffe im Automobilbau

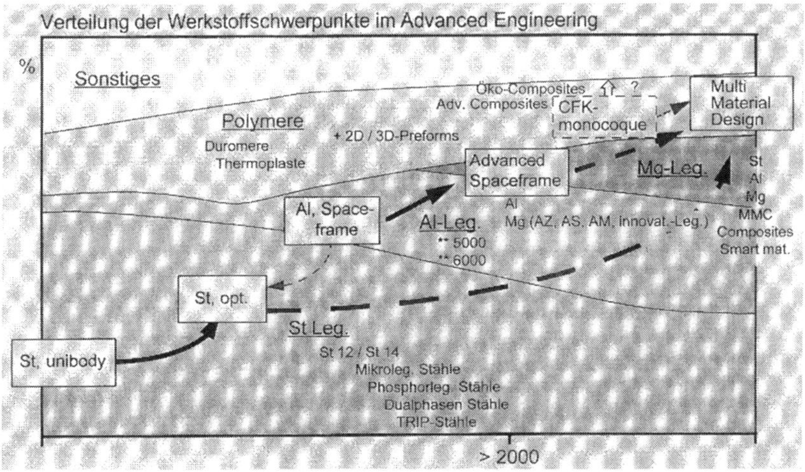

Quelle: Volkswagen AG

Bild 26 verdeutlicht einmal mehr, wie wichtig es ist, in vernetzten Strukturen zu denken. Nicht nur der Werkstoff, sondern auch die Fügetechnik und der Oberflächenschutz sind für den Gesamtprozess wichtig.

Bild 26

Werkstoff
- konventionelle Tiefziehbleche
- höherfeste Bleche
- höhersteife Bleche
- belastungsoptimierte Bleche
- div. beschichtete bleche

Umformverfahren
- Tiefziehen
- Rollprofilieren
- Innenhochdruckumformen

Fügeverfahren
- Widerstandspunktschweissen
- Laserstrahlschweissen
- Kombinierte Klebeverfahren

Korrosionsschutz
neue Verfahren
wie Blechvorlackierung

Die Fahrzeugantriebe stellen eine ebenso grosse Herausforderung wie das Thema Leichtbau dar. Auch hier einige Beispiele der Veränderungen, beim Ottomotor z.B. neue Einspritzsysteme. *Bild 27* zeigt die Auslegung des Direkteinspritzermotors von Toyota und elektromechanische Ventilantriebe, *Bild 28,* die die Drosselverluste deutlich reduzieren.

Bild 27: Otto-Direkteinspritzer von Toyota

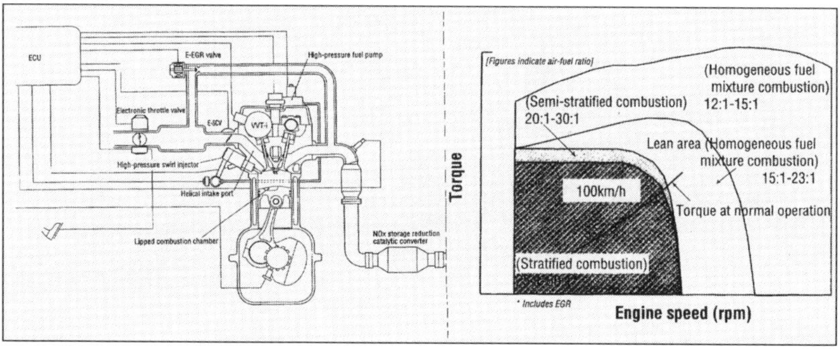

Quelle: Toyota

Bild 28: Elektromechanischer Ventilantrieb

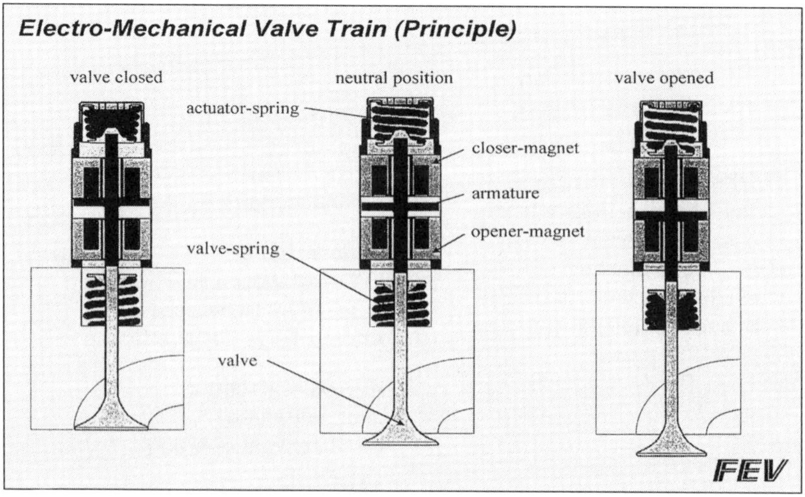

Als Beispiel für das Weiterentwicklungspotential beim Dieselmotor sind Pumpe/Düse, *Bild 29,* (Einspritzdrücke bis 2 000 bar) und das *Common Rail-System (Bild 30)* dargestellt. Das *Common Rail-System* führt über ein Verteilerrohr den einzelnen Zylindern den notwendigen Kraftstoff zu.

Bild 29: Zylinderkopf mit Pumpe-Düse

Quelle: Volkswagen AG

Bild 30: Common Rail-System

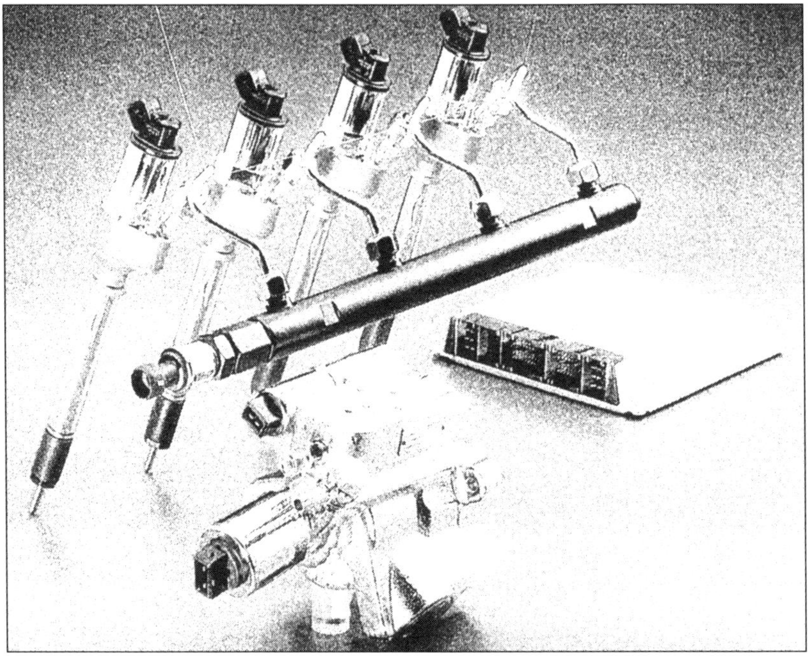

Quelle: Siemens AG

Die grösste Veränderung im Automobilbau wird jedoch durch die Elektrik/Elektronik im Fahrzeug hervorgerufen. Die Zahl der elektrischen Verbraucher wächst ständig *(Bild 31)*, und wird zusammen mit der Elektronik, Sensorik und Aktuatorik in Kürze fast 35% der Herstellungskosten eines Fahrzeuges ausmachen. Auch hier spielt die Systemvernetzung eine grosse Rolle.

Bild 31: Heutige und zukünftige elektrische Verbraucher

heute	zukünftig
Anlasser	elektrische Lenkhilfe
Kraftstoffpumpe	elektrische Motorkühlung
Zündung	elektrische Wasserpumpe
Aktuator für Leerlauf-Bypassventil	Emission Luftpumpe
Drosselklappenbetätigung	aktives Fahrwerk
ABS-Hydraulikpumpe	elektrische Bremse
Scheibenwischer vorn/hinten	elektrischer A/C-Kompressor
Scheinwerfer-Waschanlage	elektrischer 5 – 6-Gang
elektrische Fensterheber vorn/hinten	mechanisches Getriebe
elektrisches Schiebedach	
elektrische Türverriegelung, auch	Bremsassistent
Heckklappe	geheizte Winschutzscheibe
Kopfstützen und Sitzeinstellung	geheizter Katalysator
elektrische Spiegel	automatische Abstandshaltung
elektrische Antenne	intelligente Airbag-Sensoren
Heckscheibenheizung	Telefon/Fax
Sitzheizung	Reifendruckwächter
Windschutzscheibendüsenheizung	aktive Motorlager
geheizte λ-Sonde	Stimmeneingabe
ECU, Motor-Getriebe	verbesserte Nachtsicht
ABS, Anfahrhilfe	Fahrbahnwechselsichtgerät
Geschwindigkeitsregelanlage	Einparkierassistent
Lenkung	
Instrumente	
Airbag und Gurtenstrafferlösung	
Klimaanlage	
Radio/CD/Tape/Amplifier	
Infrarotverriegelung	
Navigation	
Diebstahlwarnanlage	

Bei der Sensorik/Aktuatorik werden neue Technologien wie die Adaptronik *(Bild 32)*, zunehmend interessanter.

Bild 32: Adaptive Strukturen

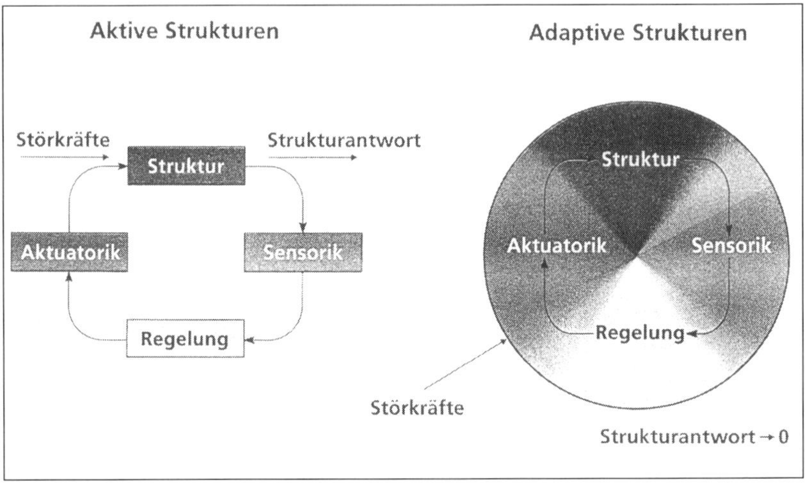

Quelle: DLR Braunschweig

Ausserhalb des Fahrzeuges kann man sich eine Vielzahl von Sensoren vorstellen, die wiederum in ein externes und internes (Mensch/ Maschine-Schnittstelle) Netz eingebunden sind.

Bei der Beurteilung von Innovationen reicht die Spannweite von evolutionären bis hin zu revolutionären neuen Produkten (*Bild 33*).

Bild 33: Typen, Merkmale und Erfolgsfaktoren von Innovationen

Typen (Spannweite)	**evolutionär** → „Extrapolation"	**revolutionär** „Diskontinuität"
Merkmale		
Technischer Fortschritt	inkrementell	Quantensprung
Zeithorizont	kurz	lang
Technische Lösungen	wenige	viele
Risiko	klein	hoch
Markt	existent	neu zu antizipieren
Planbarkeit	gut	schlecht
Erfolgsfaktoren	Qualität der Planung	Vermittlung von Visionen
	Time to market	langer Atem
	Projektmanagement	Intuition
	klare strategische Stoßrichtung	ganzheitliche Betrachtung

In den Entwicklungsbereichen verlagert sich der Schwerpunkt von dem «managen» der Research- und Development-Aktivitäten über das «managen» in einer globalen Welt hin zum Kreieren von ständigen Innovationen *(Bild 34)*.

Bild 34: Prioritäten für Forschung und Entwicklung

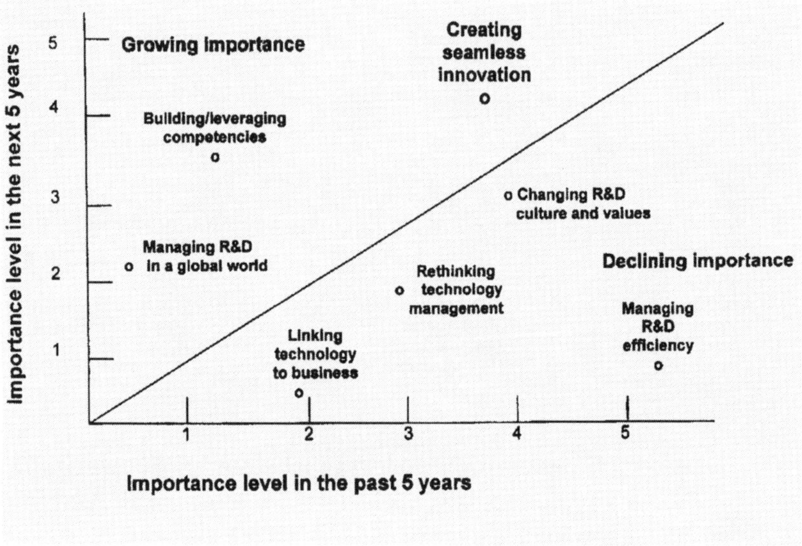

Quelle: Automotive Engineering Nov. 98

Die Konklusion für die Ingenieure heisst:

- Schnelles Erkennen und Umsetzen von marktfähigen förderungswürdigen Innovationen;
- andere Technologiebereiche betrachten, z.B. Luftfahrt für das Thema Sicherheit;
- individuelle Projektverantwortung statt Hierarchien;
- ein naturwissenschaftliches Studium lohnt sich;
- wir müssen die Freude an unserer Arbeit besser kommunizieren, auch bei Misserfolgen.

Horst Teltschik

Möglichkeiten und Grenzen von Mobilität

Das Zusammenleben in einer über alle Grenzen hinweg vernetzten Welt setzt Mobilität voraus. Ein globaler Lebensstil ist in der Wissensgesellschaft des 21. Jahrhunderts ohne Mobilität nicht denkbar. Die schnelle Raumüberwindung von Personen, Gütern und Nachrichten ist wichtiger denn je für wirtschaftlichen Erfolg und gesellschaftliches Wohlbefinden – und ich füge ausdrücklich hinzu: für Offenheit, Pluralismus, für die Entwicklung von Rechtsordnungen, mehr Menschenrechte und Demokratie.

Wir erleben heute den Übergang von der Industriegesellschaft zu einer modernen Wissens- und Dienstleistungsgesellschaft. Die Kommunikation über das «world-wide-web» wird in allen Lebensbereichen Einzug halten. Bereits heute fungieren globale Telekommunikationsnetze als elektronische Informations- und Handelskanäle ohne Restriktionen in Raum und Zeit.

Parallel werden aber auch die Ansprüche an die physische Mobilität durch den Gütertransport und den Personenverkehr wachsen. Im Berufsleben wird mehr Flexibilität zwischen Arbeitsplatz und Wohnung möglich sein, z.B. durch Telearbeit. Bei BMW arbeiten heute bereits 400 Mitarbeiter und Führungskräfte den grössten Teil ihrer Arbeitszeit zu Hause. Beim Einsatz in Produktion und Dienstleistung sowohl im In- als auch im Ausland wird mehr Beweglichkeit verlangt werden.

Steigende Mobilitätsanforderungen im Beruf und die Aufrechterhaltung der sozialen Bindungen an Familie, Freunde und Heimat in einer weltoffenen Gesellschaft lassen ein Bedürfnis nach zusätzlicher Mobilität entstehen. Auch wird die Reiselust der Menschen in der Freizeit eher weiter zu- als abnehmen, und zwar zu immer entfernteren Zielen. Denn: Freizeitverkehr ist *auch* geistige Mobilität – über die Kulturgrenzen hinweg.

Eine freie Gesellschaft in einem weltoffenen Europa wird, ja muss zwangsläufig eine hochmobile Gesellschaft sein. Mobilität und ein effizientes Verkehrssystem werden auch zukünftig die Voraussetzung für Wachstum und Wohlstand der Gesellschaft sein. Der *Homo sapiens* bleibt auch im 21. Jahrhundert ein *Homo movens.*

Denn Wachstum und Wohlstand erzeugen Verkehr. Immer mehr Freizeit erzeugt Verkehr, Siedlungen erzeugen Verkehr, die Globalisierung erzeugt Verkehr. Und was den Weg zur Europäischen Union betrifft, auch die europäische Integration erzeugt Verkehr. Auch der Zeitbedarf erzeugt Verkehr, denn wer Zeit gewinnt, hat mehr vom Leben.

Das ist kein Zufall, sondern einfache Logik. Wirtschaftswachstum ist nicht ohne arbeitsteilige Strukturen möglich – und diese verursachen Verkehr.

Und immer mehr Länder wachsen wirtschaftlich in eine Grössenordnung, die ohne ein steigendes Verkehrsaufkommen nicht möglich ist. Denken sie nur an einige der bevölkerungsreichen *Emerging Countries* wie Indien und China.

Wirtschaftliches Wachstum führt zu einem steigendem Bedarf an Personen- und Gütertransport. Ein Ende des Verkehrswachstums ist in diesen Ländern vorläufig nicht in Sicht.

Die Menschheit war noch nie so mobil wie heute. Wenn es einen Mobilitätsindex gäbe, der alle Arten von physischer und geistiger Mobilität gewichtet zusammenführen würde, dann wäre unsere Mobilität im Laufe unserer Geschichte exponentiell gestiegen.

Wegen dieser elementaren Bedeutung von Mobilität, von Verkehr und Transport, ist es verständlich, dass sich Politik und Gesellschaft zunehmend mit grundsätzlichen Aspekten der Mobilität auseinandersetzen. BMW tut das schon lange. Das BMW Engagement für ein besseres Verkehrsmanagement im Grossraum München besteht nun mit Erfolg seit mehr als zehn Jahren. Die Automobilindustrie ist gefordert, Lösungen für eine nachhaltige Bewältigung der Mobilität weltweit zu liefern. Deshalb schaltet sie sich auf allen Ebenen aktiv in die gesellschaftliche Debatte zur Mobilität ein.

Das Leitbild «Mobilität» der Automobilindustrie stützt sich zunächst auf die Erfahrung, dass Mobilität und Verkehr keine isolierten Phänomene sind. Vielmehr werden sie abgeleitet aus höheren Zwecken und Zielen der Individuen und der Gesellschaft. So etwa aus Pflichten in Arbeit, Beruf, in der Ausbildung ebenso wie aus Wünschen in bezug auf Wohnen, Einkaufen oder die Gestaltung der Freizeit. Wenn ein deutscher Student eine Schweizer Universität besucht, dann wird er zwangsläufig viel zwischen seiner Heimat und seiner *Alma Mater* unterwegs sein.

Und auch der Begriff «Reiseverkehr» dürfte in der vielbesuchten Schweiz kein Fremdwort darstellen. Doch bringt der Mensch durch Reisen nicht auch sein ureigenes Grundbedürfnis nach Mobilität und Freiheit zum Ausdruck? Doch in der stark emotionalisierten, teilweise auch ideologisierten Debatte um die Mobilität stehen heute ganz überwiegend die negativen Auswirkungen im Vordergrund.

Die fundamentale Bedeutung von Mobilität
- als Grundbedürfnis einer freien Gesellschaft und
- als Grundvoraussetzung unserer arbeitsteiligen Wirtschaftsordnung

wird vielfach als selbstverständlich vorausgesetzt bzw. kaum noch zur Kenntnis genommen. Im Gegenteil, anscheinend fällt es uns leichter, die Nachteile des Verkehrs in Zahlen auszudrücken, als seine Vorteile. Das kann aber wohl kaum heissen, dass es keine Vorteile gibt, abgesehen vom menschlichen Spass an der Bewegung. Der entscheidenste und zugleich auch trivialste Vorteil lautet:

Mobilität ist Freiheit!

Menschen wollen beweglich sein. Mehr noch, sie wollen individuell über diese Beweglichkeit entscheiden: Wir alle wollen selbst auswählen, wann, wie und mit wem wir wohin fahren. Denken Sie nur an die Erfahrungen nach dem Fall der Mauer in Deutschland: Die meisten Menschen aus Ostdeutschland brachten ihr Grundbedürfnis nach Freiheit zum Ausdruck, indem sie mit ihrem alten oder neuen Automobil in westliche und südliche Länder reisten. Weil sie das Jahrzehnte nicht gedurft hatten.

Selbst Kinder träumen bereits von der eigenen Beweglichkeit – denken Sie an das Dreirad, die Inline-Skates, das Fahrrad. Und was ist der heisseste Wunsch eines Achtzehnjährigen? Der Führerschein, und dann das Automobil! Weltweit ist es das Symbol für die Freiheit der Menschen.

Die Inanspruchnahme von Grundrechten hat mit Mobilität zu tun: Die freie Wahl von Wohnort und Arbeitsplatz, von Ausbildungsort oder Ferienziel setzt Beweglichkeit voraus.

Mobilität ist Freiheit – die Freiheit zu reisen und Kontakte mit anderen Menschen zu pflegen. Aber auch die Freiheit, Produkte aus aller Welt zu konsumieren. Individuelle Mobilität ist für die Menschen ein unverzichtbares Element persönlicher Unabhängigkeit. Für viele ermöglicht gerade das Automobil Erholung und Einblick in andere Kulturen, aber auch den Tages- und Wochenendausflug.

Da in demokratischen und offenen Gesellschaften in all diesen Lebensbereichen auf freie Entscheidungen der Individuen gesetzt wird, muss auch bei der Mobilitätsentfaltung zuerst der Grundsatz der Freiheit gelten, muss das Leitbild Mobilität dem des gesellschaftlichen Grundentwurfs entsprechen.

Wer glaubt, dass Mobilität in einer Gesellschaft beliebig zur Disposition steht, sollte auch bedenken: der Entzug von Mobilität war und ist in jeder Gesellschaft eine der härtesten Strafen. Wenn der Staat Menschen bestraft, nimmt er ihnen die Mobilität. Er sperrt sie ein. Freiheitsentzug ist vor allem der Entzug von Mobilität. Mobilität muss also ausserordentlich wertvoll sein. Sonst könnte ihr Entzug nicht als Strafe gelten.

Mobilität ist somit kein von uns Automobilherstellern geschaffener verkaufsfördernder Wunsch. Mobilität ist gesellschaftlich gewollt – mehr noch: ein Grundbedürfnis der Menschen. Und: Mobilität ist wirtschaftlich nötig. Die internationale Arbeitsteilung setzt wachsende Mobilität voraus. Damit komme ich zum nächsten entscheidenden Punkt:

Mobilität ist zu einem der wichtigsten Standortfaktoren im globalen Wettbewerb geworden.

Die Wirtschafts- und Sozialwissenschaften haben schon sehr lange die Bedeutung von Transport und Verkehr gewürdigt. Galten im letzten Jahrhundert noch Arbeit, Boden und Kapital als die drei klassischen Produktionsfaktoren, so fügte die Wissenschaft zu Beginn dieses Jahrhunderts den Faktor «Distribution» hinzu. Dieser Begriff steht für die Gesamtleistung von organisatorischen und physischen Aufwand, um die klassischen Produktionsfaktoren zusammenzuführen. Es versteht sich von selbst, dass ohne ein Mindestmass an Mobilität dieser drei Faktoren nichts produziert werden kann.

Mobilität im Sinne von Flexibilität, Veränderungs- und Anpassungsbereitschaft ist für die westlichen Industrieländer die bedeutendste politische Aufgabe der Gegenwart: Die Fähigkeit zu solch umfassender Mobilität entscheidet im Zeitalter der Globalisierung über die Zukunft eines Industriestandorts.

Die aktuellen Globalisierungsprozesse der Weltwirtschaft wurden erst möglich durch die erhöhte Mobilität von Kapital, Dienstleistungen und Information. Und die Leistungsfähigkeit der nationalen und internationalen Transportsysteme ist dabei Schlüsselfaktor.

Für die Wirtschaft geht es zunächst um Faktor- und Gütermobilität: Der Umfang von Gütermobilität ist direkt mit dem Grad der Arbeitsteilung und der Intensität der wirtschaftlichen Austauschprozesse verknüpft. Solange der Bayer nur sein Münchner Bier und der Schweizer sein Bündner Fleisch im Kühlschrank hat, ist der Verkehr geringer, als wenn jeder beides geniessen möchte.

Und die Mobilität der Faktoren Arbeit und Kapital ermöglicht die Nutzung günstiger Produktionsparameter an entfernten Standorten. Die weltweiten Verflechtungen der so genannten «Global Player» machen dies deutlich.

Wie sehr wirtschaftlicher Erfolg auf eine bedarfsgerechte Verkehrsinfrastruktur angewiesen ist, zeigt das Beispiel der Emerging Countries: Der Mangel an leistungsfähigen Verkehrsnetzen in Ländern wie Indien, Malaysia, Thailand oder China ist der entscheidende Engpass für die wirtschaftliche Entwicklung – trotz der Revolution in der Kommunikationstechnologie. Die Regierungen dieser Länder haben erkannt, dass ihre Lohnkostenvorteile im Wettbewerb um Auslandsinvestitionen nur dann zu Standortvorteilen werden, wenn ein Mindestmass an Transport gewährleistet werden kann.

Umgekehrt zeigt das Beispiel aber auch, dass die noch gute Qualität der Infrastruktur in den westlichen Industrieländern ein Standortvorteil ist, den es unbedingt zu bewahren gilt. Abgesehen davon trägt in allen Industriestaaten der Verkehrssektor selbst wesentlich zum Wachstum bei.

Addiert man den Fahrzeugbau, Wartung und Unterhaltung der Fahrzeuge sowie die Bereitstellung der Infrastruktur zu den Transportleistungen hinzu, summiert sich der Anteil des Verkehrssektors an der Bruttowertschöpfung in Deutschland auf nahezu 20%. In Deutschland wird heute jede fünfte Mark für Mobilität aufgewandt. Direkt und indirekt sind damit mehr als 5 Mio. Arbeitsplätze vom Verkehrssektor abhängig.

Mobilität von Personen und Gütern korreliert – und das ist schon eine Binsenweisheit – positiv mit der Höhe des Wohlstandsniveaus. Ebenso unbestritten ist, dass dies massgeblich auf das Automobil bzw. den LKW zurückzuführen ist. Die Strasse ist somit heute der wichtigste Verkehrsträger – nicht nur für die Wirtschaft. Denn auch der rapide gestiegene Personenverkehr findet heute vor allem mit dem Automobil, d.h. auf der Strasse statt.

Die Nachfrage nach Mobilität wird auch in Zukunft steigen. Eine ständig wachsende Transportmenge der produzierten und gehandelten Güter und neue güterwirtschaftliche Verflechtungen z.B. mit Osteuropa werden vor allem auf der Strasse zusätzliche Verkehrsströme hervorrufen.

Zusammenfassend gilt deshalb die These:

> ***Ein leistungsfähiger Verkehr, d.h. friktionslose und bezahlbare Mobilität, ist für die Wirtschaft im globalen Wettbewerb ein zentraler Standortfaktor.***

Doch jede Medaille hat ihre zwei Seiten – und damit komme ich zu den vieldiskutierten Grenzen von Mobilität: Verkehr, insbesondere der automobile Verkehr, droht zum Opfer seines Erfolgs zu werden. Unbestritten ist der Befund, dass die rapide Verkehrsentwicklung – zumindest in den westlichen Industriestaaten – mit steigenden volkswirtschaftlichen Kosten verbunden ist:

- Kosten aus Verkehrsbehinderungen,
- Kosten aus Verkehrsverteuerungen

und zunehmend auch

- Kosten aus Beeinträchtigungen der Umwelt.

Die Kosten der Verkehrsüberlastung in der Europäischen Union wurden von der EU-Kommission mit ungefähr 2% des jährlichen BIP der Gemeinschaft beziffert. Experten im Hause BMW haben in einer Untersuchung errechnet, dass sich allein die Staukosten in Deutschland mittlerweile auf über 200 Mrd. DM pro Jahr belaufen. Gäbe es eine Versicherung gegen Verkehrsstaus, dann könnte jeder deutsche Arbeitnehmer jährliche Schadensersatzforderungen von rund 6000 DM geltend machen.

Das Verkehrsaufkommen ist am manchen Orten und zu manchen Zeiten in einem solchen Ausmass gewachsen, dass individuelle, persönliche Mobilität nur in sehr begrenztem Ausmass möglich erscheint. Die automobile Gesellschaft droht in den Verkehrsinfarkt zu fahren. Aus Mobilität wird Immobilität.

Dazu kommt in der Praxis immer häufiger auch die Konfrontation mit echten oder vermeintlichen physischen Knappheiten wie etwa

- die Endlichkeit von Flugfrequenzen im Luftraum oder auch
- die Grenzen der Bodenversiegelung beim Strassenbau und bei der Erweiterung von Wasserwegen.

Am Ende dieser Überlegungen steht die Einsicht, dass Infrastrukturkapazitäten auf lange Sicht nicht beliebig erweiterbar sind.

In den Vordergrund möchte ich aber zunächst die ganz elementaren Grenzen der Belastbarkeit unseres Planeten stellen: Diese vermutete man zuallererst in der Endlichkeit der Ressourcen. Die meisten von Ihnen werden die düsteren Prognosen kennen, die der «Club of Rome» Anfang der 70er Jahre getätigt hatte. Es war übrigens ein Automobilpräsident, der die Initiative ergriffen und diesen Club gegründet hatte: der frühere FIAT-Chef Umberto Agnelli. Auch die damaligen Aussagen über die Endlichkeit der Erdölreserven haben sich zum Glück mehr als relativiert. Seitdem rückt die Umweltbelastung generell in den Vordergrund.

Bleibt bei alledem die Frage: Wo liegen die Grenzen nun wirklich? Die ehrliche Antwort kann nur lauten: Wir wissen es nicht und werden es vermutlich nie ganz genau wissen.

Ich will Ihnen ein Beispiel nennen: Einen Kernpunkt in der Diskussion um die Umweltverträglichkeit des Automobils stellen die so genannten externen Kosten dar. Dabei handelt es sich um die negativen Auswirkungen des Strassenverkehrs, die nicht über den Markt abgewickelt werden. Will man jedoch diese externen Kosten des Strassenverkehrs bestimmen, verlässt man den Bereich des empirisch exakt quantifizierbaren. Da externe Kosten nicht direkt gemessen werden können, beinhaltet jegliche Schätzung immer ein Element der Beliebigkeit – man kann auch sagen Willkür.

Die in verschiedenen Studien ermittelten Beträge für die externen Kosten des Strassenverkehrs in Deutschland schwanken zwischen 21,5 Mrd. und 222 Mrd. DM pro Jahr – also um mehr als den Faktor Zehn! Dadurch können sie kein Fundament verantwortungsvoller Verkehrspolitik bilden, wie es vielerorts gefordert wird. Am Rande sei zudem folgendes bemerkt: Die Steuereinnahmen durch den Strassenverkehr überdecken bei weitem die in die entsprechende Verkehrsinfrastruktur getätigten Investitionen. Damit ist die Strasse der *einzige* Verkehrsträger, der seine betriebswirtschaftlichen Kosten deckt – andere Verkehrsmittel erreichen dies nicht mal ansatzweise.

Damit Sie es nicht missverstehen: Wir müssen alle kritischen Signale und Hinweise, die aus Sorge um die Umwelt geäussert werden, ernstnehmen und vorbehaltlos prüfen. Mit «wir» meine ich die Unternehmen ebenso wie Politik und Gesellschaft. Das ist unsere Verantwortung.

Die Wissenschaft, das Expertenurteil, ist bei der Grenzbestimmung und der Bestimmung des Status Quo unverzichtbar. Wenn wenigstens die Wissenschaft eindeutig wäre. Aber gerade im Bereich der Umwelt hat fast jede Meinung, jede Expertise ihr Gegenvotum. Diese Zweifel sind es, die der Diskussion um vermutete Grenzen eine moralische Aura verleihen. Besser noch: eine moralisierende Aura. Und diese prägt die gesellschaftlichen Vorstellungen, die öffentliche Meinung und damit auch die Politik.

Die Auto-Branche muss sich mit diesen Ängsten ebenso auseinandersetzen wie mit den Fakten aus der Umwelt. Deshalb müssen wir so handeln, als ob es bereits abschliessende Erkenntnisse und feste Grenzen gäbe. In besonderem Masse gilt dies für die Frage nach der Endlichkeit der weltweite Erdölreserven oder den durch CO_2-Emissionen hervorgerufenen Klimawandel.

Welche Lösungsstrategien bieten sich an?

Am besten für die Umwelt wäre gar kein Verkehr, am besten für die Wirtschaft dagegen möglichst freizügiger und billiger Verkehr. Wer diesen Zielkonflikt lösen will, muss die folgende Frage beantworten: Wieviel Verkehr ist *nötig,* um Wohlstand und Beschäftigung zu sichern, und wieviel Verkehr ist *möglich,* um Umwelt- und Infrastrukturbelastung beherrschbar zu machen?

Die Verkehrsnachfrage wird nach allen Prognosen weiter steigen. Für ihre Bewältigung braucht es nicht nur den weiteren Ausbau der Infrastruktur, sondern auch einen neuen Ansatz. Hierbei sollten die sogenannten «3 V»-Massnahmen im Vordergrund stehen:

1. Verkehr *vermeiden*
2. Verkehr *verlagern*
3. Verkehr *verträglicher abwickeln*

Zum ersten Massnahmenkatalog: **Verkehr vermeiden**

In Zukunft führt an einer zumindest graduellen Entkoppelung von Wirtschafts- und Verkehrswachstum kein Weg vorbei. Zuwächse beim Sozialprodukt müssen künftig mit deutlich unterproportionalen Zuwächsen oder gar einem Rückgang bei den Fahrleistungen – nicht aber bei den Transportleistungen – einhergehen. Über Produktivitätssteigerungen im Verkehrssystem ist mehr Transport, mehr Wirtschaftswachstum und mehr Wettbewerbsfähigkeit zu ermöglichen, ohne entsprechend mehr Verkehrs- und Umweltbelastung zu erzeugen.

Zentraler Ansatzpunkt ist daher die Rationalisierung der Transportprozesse. Das heisst: durch eine Verbesserung des Wirkungsgrades in Ablauf, Organisation und Infrastrukturleistung muss unnötiges Verkehrsaufkommen vermieden werden.

Einige Beispiele: Die Vermeidung von Verkehr ist durch Rationalisierung im Warenverkehr möglich. Auch marktgerechte Parkgebühren in Innenstädten, Parkleitsysteme und die Anbindung des Öffentlichen Nahverkehrs an den Individualverkehr können die Verkehrsnachfrage in überhitzten Verkehrssegmenten verringern.

Besonders hervorheben möchte ich dabei die Leistungen der Telematik – der Symbiose aus *Tele*kommunikation und Infor*ma*-

tik: Die Steigerung der Auslastung von Nutzfahrzeugen durch Telematik hat auch schon in der Vergangenheit eine Reduzierung des Anstiegs der Fahrleistungen ermöglicht. Telematik schafft die Voraussetzungen für eine Fülle von multimedialen Dienstleistungen, die den Nutzungsgrad der einzelnen Verkehrsträger erhöhen. Dadurch werden sie leistungsfähiger und sicherer – und sie lassen sich zu integrierten Transportketten verknüpfen. Frei nach dem Motto: Informationsfluss statt überflüssigem Transport von Materie und Personen.

Nicht zuletzt müssen wir aber auch alle politischen Entscheidungen daraufhin überprüfen, ob und wie zur Verkehrsvermeidung beigetragen werden kann. Siedlungsstrukturen haben einen erheblichen Einfluss auf die Verkehrsnachfrage. Die Prüfung der Verkehrsverträglichkeit von Siedlungs- und Infrastrukturmassnahmen ist daher eine wichtige Zukunftsaufgabe.

Zum zweiten Ansatz der drei Massnahmenfelder: **Verkehr verlagern**

Die zentrale Frage beim Thema Verkehrsverlagerung lautet: Wo soll der Verkehr denn überhaupt hinverlagert werden? Menschen treffen Entscheidungen, wenn sie zwischen echten Alternativen wählen können. Doch weder die Eisenbahn noch der öffentliche Personennahverkehr stellen echte Wahl-Alternativen dar. Beide verfügen in Spitzenzeiten nicht über die notwendigen freien und akzeptablen Kapazitäten. Eine Verlagerungsstrategie erfordert daher zunächst einmal Investitionen in die Verkehrsinfrastruktur. Nur das bessere Angebot führt zu einer Verhaltensänderung. Nicht aber Mobilitätsbehinderungen, Reglementierungssucht und Verbote.

Der angebotsorientierten Strategie der Erweiterung und Optimierung von Verkehrsinfrastruktur wird die populäre, aber auch populistische Forderung nach einer *Begrenzung* der Verkehrsnachfrage entgegengestellt. Mit einer Politik der willkürlichen Verteuerung soll der Verkehr insgesamt eingeschränkt werden. Eine künstliche Verknappung des Strassenraums mit zweifelhaften Methoden läuft aber auf eine Mangelverwaltung hinaus, die mit Marktwirtschaft nichts zu tun hat. Und zum Wesen der Marktwirtschaft gehört es, dass sich im Wettbewerb die besten Alternativen durchsetzen. Aber dazu müssen wir diese Alternativen erst einmal schaffen.

Zur dritten Massnahmengruppe: **Verkehr verträglicher abwickeln**

Im allgemeinen bedeutet das, alle technischen Potentiale auszunützen, um die Beeinträchtigungen von Mensch und Umwelt auf ein Minimum zu reduzieren. Wo solche Potentiale vorhanden sind, möchte ich Ihnen im Folgenden aufzeigen:

- *Stichwort Verbrauchsreduzierung:*

In den vergangenen Jahrzehnten konnten im PKW-Bereich bemerkenswerte Erfolge bei der Verbrauchsreduzierung erzielt werden. Im Jahr 1978 hat die deutsche Automobilindustrie dem damaligen Wirtschaftsminister zugesagt, bis 1985 den Flottenverbrauch um 15% zu reduzieren. Diese Zusage wurde mit einem Reduktionswert von 22,7% übertroffen. Und wir bekräftigen unsere 1995 auf der Berliner Klimakonferenz eingegangene Selbstverpflichtung, von 1990 bis 2005 den Flottenverbrauch aller neu zugelassenen Fahrzeuge nochmals um 25% zu senken. Daran arbeiten wir mit Nachdruck.

Aber: Engpässe im Strassenverkehrsnetz zehren an diesen Erfolgen. Daher müssen auch Investitionen zur Beseitigung solcher Engpässe getätigt werden. Zumindest dort, wo es verkehrs- und umweltpolitisch möglich ist.

- *Stichwort Klimaschutz:*

Der Klimawandel ist ein globales Problem. Klimaschutz verlangt daher gemeinsame Anstrengungen aller Verantwortlichen. Die europäische Automobilindustrie geht hier in Vorleistung – auch wenn der CO_2-Anteil des Strassenverkehrs mit 20% weit hinter den Bereichen Haushalte und Kraftwerke zurückliegt: Der europäische Verband der Automobilhersteller hat im letzen Jahr unter der Präsidentschaft von Bernd Pischetsrieder, dem Vorstandsvorsitzenden der BMW AG, der EU-Kommission bis 2008 eine Senkung der CO_2-Emissionen um 25% gegenüber 1995 angeboten. Im Flottendurchschnitt entspricht dies 140g CO_2 pro km und einem Verbrauch von weniger als 6 Litern auf 100 km. Darüber hinaus ist eine Überprüfung weiterer Reduzierungspotentiale vorgesehen. Mit diesem Ansatz erbringt die europäische Automobilindustrie einen wesentlichen Beitrag zur Erfüllung der Verpflichtungen der Europäischen Union, welche auf der Klimakonferenz in Kyoto eingegangen wurden.

Aber – und das unterstreicht meinen Ruf nach *gemeinsamen* Anstrengungen – um diese Ziele zu erreichen, benötigen die Automobilhersteller verbesserte Kraftstoffe. Schwefelarme Otto- und Dieselkraftstoffe sind für den Betrieb moderner kraftstoffsparender Technologien unerlässlich. Das heisst, man ist auf die Mithilfe der Mineralölindustrie, aber auch der Politik angewiesen.

- *Stichwort alternative Antriebe*

Die Klärung der Frage unserer Energieversorgung für das anstehende Jahrtausend halte ich für ausserordentlich wichtig. Egal, ob die weltweiten Erdölreserven nun 300 oder, wie kürzlich wieder verlautbart wurde, noch 30 Jahre reichen – eines gilt auf jeden Fall: Wir müssen bereits heute beginnen, unsere Zukunft zu gestalten. Dies gilt besonders in Anbetracht der notwendigen Entwicklungszeiten für eine neue Energieversorgungsinfrastruktur und der damit verbundenen volkswirtschaftlichen Investitionen.

Mobilität setzt Energie voraus. Der Verkehr insgesamt ist mit einem Fünftel am gesamten Weltenergieverbrauch beteiligt. Der Strassenverkehr zeichnet sogar für 40% des weltweiten Erdölverbrauches verantwortlich. Realistische Energie- und Umweltszenarien für das kommende Jahrtausend gehen davon aus, dass das Automobil auch weiterhin Basis der individuellen Mobilität bleibt. Es wird jedoch in der weiteren Zukunft mit anderen Kraftstoffen betrieben werden.

Auf Initiative von BMW und Daimler-Benz haben sich daher sieben Unternehmen aus dem Automobilbereich und dem Energiesektor zu einer «Verkehrswirtschaftlichen Energiestrategie» zusammengeschlossen. Konkrete Zielsetzung einer ersten Vereinbarung ist es, bis Ende 1999 maximal zwei alternative, umweltschonende Kraftstoffe zu identifizieren. Ausserdem soll eine daran anschliessende Strategie zum flächendeckenden Aufbau alternativer Energieinfrastrukturen erarbeitet werden.

BMW selbst beschäftigt sich schon seit 20 Jahren mit dem Einsatz von Wasserstoff. Langfristig sehen wir darin die beste Möglichkeit, die Schonung der Umwelt und Freude am Fahren zu vereinen. Die BMW Strategie zum Einsatz alternativer Kraftstoffe lautet daher: über Erdgas zum Wasserstoff.

1995 hat BMW als weltweit erster PKW-Hersteller Erdgasfahrzeuge in Serie auf den Markt gebracht. Dies war für BMW auch der Anlass, den verstärkten Dialog mit Industrie und Politik zu suchen. Denn die Fahrzeugtechnik steht bereit. Für die Markteinführung alternativer Antriebe ist aber Voraussetzung, dass

- die gesetzlichen Rahmenbedingungen gegeben sind und
- eine ausreichende Versorgungsinfrastruktur aufgebaut wird.

Ein erster Schritt ist bereits getan: In wenigen Monaten wird am Münchener Flughafen die weltweit erste öffentliche Tankstelle für Flüssigwasserstoff in Betrieb gehen.

Mit diesem Projekt unter BMW Beteiligung sollen weitere Erfahrungen im Umgang mit neuen Wasserstofftechnologien gewonnen werden.

- *Stichwort Recycling*

Jedes Kilogramm Schrott, das nicht in den Produktionskreislauf zurückgeführt wird, bedeutet eine Verschwendung wertvoller Rohstoffe und belastet die Umwelt. Und bei ca. 160 Mio. PKW allein in Europa steht fest: Die Verantwortung eines Automobilherstellers endet nicht mit der Übergabe des Fahrzeugs an den Kunden, sondern muss sich auf den gesamten Produktlebenszyklus beziehen.

Das BMW Recycling erarbeitet deshalb ganzheitliche Lösungen, die sowohl die recyclingoptimierte Produktgestaltung als auch die Rücknahme und Verwertung der eigenen Altfahrzeuge umfassen. So ist z.B. ein 5er BMW heute bereits zu 85% wirtschaftlich wiederverwertbar. Und unser nationales Verwerternetz bildet die Basis für eine internationale Kooperation, die BMW mit Rover in England, Renault in Frankreich und Fiat in Italien vereinbart hat. Gemeinsam wollen wir die Organisation unseres flächendeckenden Recycling-Netzes vorantreiben, wie es BMW in der Schweiz bereits seit 1993 mit Erfolg betreibt. Mit diesem gesamten Massnahmenbündel entlang der einzelnen Recyclingstufen geht BMW aus Eigeninitiative und Verantwortungsbewusstsein für unsere Umwelt in Vorleistung.

- *Stichwort Internationaler Technologietransfer*

Und wenn ich mich wiederhole: auch im Bereich einer umweltverträglichen Verkehrsabwicklung muss das ökonomische Prinzip Geltung haben. Das bedeutet: die begrenzten Mittel müssen dort eingesetzt werden, wo sie den grössten Nutzen entfalten. Ich will dies mit einem Beispiel verdeutlichen: Um wenige weitere Prozentpunkte Verbrauchs- oder Emissionsreduzierung aus einem modernen PKW zusätzlich herauspressen zu können, muss mindestens eine *Milliarde* Schweizer Franken für verbesserte Motorprogramme aufgewendet werden. Angesichts dieser enormen Summe stelle ich folgende Frage in den Raum: Wäre diese Summe – global betrachtet – nicht sinnvoller investiert, wenn sie zur Finanzierung einer nachhaltigen Verkehrsinfrastruktur in der Dritten Welt eingesetzt würde? Denn um die historischen Fehler der Industrieländer zu vermeiden, muss einhergehend mit westlichem Know-how eine gesunde industrielle Entwicklung der *Emerging Countries* ermöglicht werden. Und eine gut entwickelte Infrastruktur ist hierfür Grundvoraussetzung.

Aber dennoch oder gerade deshalb ist es natürlich auch Aufgabe der Automobilindustrie, die im Wettbewerb erworbene Systemkompetenz in allen Bereichen der Mobilität zur Verfügung zu stellen. Deshalb engagiert sich BMW für eine von Politik und Wirtschaft gemeinsam getragene Entwicklung nachhaltiger Infrastruktur im Rahmen des «Deutsch-Chinesisches Verkehrsprojekts». Denn die Volksrepublik China ist wohl ein Paradebeispiel für ein Land im schnellen Wandel vom Agrarstaat zum arbeitsteiligen Industriestaat. Und hier wie auch anderswo zeichnet sich deutlich ab: für eine solche stürmische wirtschaftliche Entwicklung werden die erheblichen Defizite im Verkehrssystem zunehmend zur Behinderung. Von möglichen weitreichenden Umweltschäden ganz zu schweigen.

Die hier von mir angeführten drei grossen Massnahmenbereiche erheben selbstverständlich keinen Anspruch auf Vollständigkeit. Aber sie zeigen einen Leitfaden auf, nach dem sich die Gestaltung einer nachhaltigen Mobilität richten kann. Mittel- bis langfristig sehe ich für diese drei Massnahmen als wesentlichen Erfolgsfaktor das integrierte Verkehrsmanagement. Das beinhaltet die Einbeziehung aller Verkehrsträger, nämlich Strasse, Schiene, Luft und Wasser. Jedes Verkehrsmittel hat arteigene Schwächen und Stärken. Und keines ist allein in der Lage, alle Mobilitätsbedürfnisse der Gesellschaft optimal zu erfüllen.

Ich plädiere daher für eine intelligente Vernetzung der verschiedenen Verkehrsmittel. Ich bin überzeugt, dass die Nutzung des jeweils am besten geeigneten Verkehrsmittels ein wesentlicher Beitrag zur Lösung der augenfälligen Verkehrsprobleme ist.

Wir können durch Einsatz ökonomischer, technischer und organisatorischer Mittel unsere Verkehrsnachfrage so bewältigen, dass weder Umwelt noch individuelle Freiheit und wirtschaftliche Entwicklung darunter leiden müssen. Wir müssen dies allerdings auch *gemeinsam* wollen!

Eine intakte Umwelt kann es nicht zum Nulltarif geben, es bleibt die Frage des Aufwands. Und auf diesem Gebiet kann und muss man durchaus von Grenzen sprechen. Daher brauchen wir mehr Kooperation, mehr gemeinsame Anstrengung. Auf vielen Gebieten. In der Industrie. In der Politik. Und international: In Europa, aber auch zwischen Industrie- und Entwicklungsländern.

Welche Beiträge sind dabei zunächst einmal von den einzelnen zu leisten? Lassen Sie mich mit den Anforderungen an die Politik beginnen:

Die zentrale Aufgabe der Verkehrspolitik ist, die Bedingungen für Mobilität zu gestalten. Ganz oben muss dabei natürlich die Beseitigung von Verkehrsengpässen stehen. Folgt man dem ökonomischen Prinzip, dann ist gerade unter Einbeziehung von Umweltkosten die Einrichtung einer dritten Fahrspur an Autobahnen bei vielen Strecken die gesamtwirtschaftlich effizienteste Lösung. Der dritte Fahrstreifen erhöht die Kapazität eines Autobahnquerschnitts um bis zu 50%. Können wir darauf verzichten?

Doch machen wir uns nichts vor: Kapazitätsausbau allein trägt nicht mehr. Hinzu kommen müssen innovative Lösungen für die intensivere Nutzung bestehender Kapazitäten. Verkehrspolitik ist gesamtheitliches Mobilitätsmanagement.

Ich kann hier nicht für den schweizerischen Verkehrsminister sprechen und weiss auch nicht, ob er sich auch als Mobilitätsmanager versteht. Die Aufgabe kann er jedenfalls nicht im Alleingang lösen. Der Verkehrs-, der Forschungs-, der Umwelt-, der Finanz- und der Wirtschaftsminister müssen an einem Strang ziehen. Zumindest zeitweise. Denn gutes Mobilitätsmanagement setzt hohen Abstimmungsbedarf voraus. Teamwork ist gefragt – auch in der Politik.

Das Teamwork darf jedoch nicht an nationalen Grenzen aufhören. Im Prozess des zusammenwachsenden Europas mit seinem steigendem Mobilitätsbedarf entstehen besondere Verantwortlichkeiten.

Verkehrspolitik als Standortpolitik muss daher eine starke europäische Dimension haben. Doch die Politik tut sich momentan noch schwer, ein gesamtheitliches europäisches Verkehrskonzept vorzulegen. Aber gerade hierzu besteht Bedarf. Denn wer internationale Beziehungen schafft, muss auch den daraus resultierenden Verkehr akzeptieren und ermöglichen. Dies gilt vor allem im Hinblick auf die Vollendung der Europäischen Währungsunion und die EU-Osterweiterung.

In diesem gesamteuropäischen Zusammenhang verdienen die Anstrengungen der Schweiz in bezug auf eine gemeinsame Alpenverkehrspolitik besondere Anerkennung. Durch das mit der EU vor zwei Monaten verabschiedete Landverkehrsabkommen macht die Schweiz nicht unerhebliche Zugeständnisse. Denn es muss ein nicht geringes Mass an Mehrverkehr in Kauf genommen werden. Aber es dient der Umwelt: insgesamt wird der Umwegverkehr um 500 000 Kilometer jährlich reduziert.

Die Schweiz ist durch dieses Abkommen ein Stück näher an Europa herangerückt. Ich hoffe, wir können das auch als Schritt in Richtung eines EU-Beitritts interpretieren. Zu begrüssen wäre das in jedem Fall. Nicht etwa, weil die EU die Schweiz für sich vereinnahmen möchte. Sondern weil wir alle in Zeiten globalen Wettbewerbs von einer intensiveren Zusammenarbeit profitieren würden. Und im Hinblick auf die Präsidentschaft Deutschlands im Rat der EU möchte ich betonen, dass in der deutschen Europapolitik der Nachkriegszeit stets besonderer Wert auf die Einbindung der kleineren Partner gelegt wurde.

Neben der Politik steht natürlich auch die Industrie in der Verantwortung, kooperativ ihren Beitrag zu leisten. Das ist eine Bringschuld der Unternehmen. Mehr noch: Die Unternehmen müssen ihre Kompetenz zur Lösung von Verkehrsproblemen einbringen.

BMW bietet deshalb der Politik auf allen Ebenen seine Expertise in Fragen der Verkehrs- und Umweltpolitik an. Ziel ist es, im gemeinsamen Interesse sachgerechte und wirtschaftliche Ergebnisse zu erreichen. BMW sieht sich in der Pflicht, Verantwortung zu übernehmen. Deshalb haben wir schon in den 80er Jahren damit begonnen, zusätzlich zu unserem Kerngeschäft über Verkehrskonzepte nachzudenken. Wir wollen mithelfen, durch innovative Lösungsvorschläge eine nachhaltige Mobilität zu sichern.

Wie ich bereits angesprochen habe, sind vor allem Kooperation und gemeinsamer Durchsetzungswille von entscheidender Bedeutung.

Welche konkrete Formen eine Zusammenarbeit von Politik und Industrie annehmen kann, zeigt das jüngste Engagement zur Staureduzierung in Nordrhein-Westfalen. Mit Nachdruck versucht man dort, Probleme aufzugreifen und Lösungen zu suchen. Und zwar unter Beteiligung *aller* Betroffenen: Von Automobilherstellern und der Telematikindustrie über Regierung, Polizei und Verbänden bis hin zu Bürgervertretungen sitzen alle an einem Tisch und diskutieren gemeinsame Massnahmen.

Und wenn auch noch keine konkreten Ergebnisse vorliegen – ich bin mir sicher, dass dies ein Beispiel ist, das Schule macht. Zumindest machen sollte! Denn erst wenn die Verkehrskonzepte den wichtigsten Bedürfnissen aller Betroffenen gerecht werden und sich wirtschaftlich tragen, können diese massgeblich zur Sicherung von Mobilität beitragen.

Das ist allerdings weniger eine finanzielle Frage allein – womit wir beim Beitrag der Gesellschaft sind: es muss vielmehr ein gesellschaftlicher Konsens vorhanden sein. Friktionsfreie und umweltverträgliche Mobilität setzt eine positive Haltung der Gesellschaft gegenüber neuen Technologien voraus. Nur Spitzentechnologien – von der Telematik bis zum Wasserstoff – können auf Dauer die Zielkonflikte der Verkehrspolitik lösen. Die Akzeptanz solcher Technologien wiederum kann nur aus geistiger Mobilität resultieren.

Was heisst *cum grano salis* eigentlich geistige Mobilität? Es heisst, den Kopf freizuhalten oder freizumachen für Neues. Unsere Welt ist schnellebig. Sie ist vielen gleichzeitigen Zielen verpflichtet. Es kommt darauf an, neue Aufgaben sofort zu erfassen. Denn Mobilität auf der Strasse beginnt auch mit Mobilität in Köpfen und entwickelt sich in Systemen. Gesamthafte Lösungen gedeihen am besten in einer Kultur stetigen Wandels.

Die Baustoffe der Zukunft auch für den Verkehr sind Phantasie und Kreativität, technologische Innovation und Ingenieurskunst. Neue Ansätze und Ideen müssen aufgenommen und miteinander verbunden werden. Im technischen Sinne, aber auch im politischen. In einer grossen Kraftanstrengung kann daraus eine neue Verkehrswirklichkeit werden.

Langfristig können sinnvolle Lösungen daher nur im ständigen Dialog auf breiter wissenschaftlicher, wirtschaftlicher, politischer und gesellschaftlicher Basis gefunden werden.

Begründet von Prof. Dr. Dr. h.c Friedrich A. Lutz (†)

Herausgeber: Bis Band 17: Prof. Dr. Daniel Frei (†)
Band 18 bis 22: Prof. Dr. Willy Linder
ab Band 23: Prof. Dr. Dieter Ruloff

Band 27:

Globalisierung – eine Standortbestimmung

mit Beiträgen von:
Thomas Bernauer, Volker Bornschier, Dieter Chenaux-Repond, Shmuel Noah Eisenstadt, Fritz Fahrni, Gerhard Fels, Jürg M. Gabriel, Peter Glotz, Helmut O. Maucher, Kurt R. Spillmann;
herausgegeben und eingeleitet von
Dieter Ruloff

177 Seiten (1998) ISBN 3 7253 0606 0
Fr. 32.60 / DM 38.20 / ÖS 278.–

Band 26:

Brennpunkt Ostasien

mit Beiträgen von:
Wolf Lepenies, Urs W. Schoettli, Michael Stürmer, Jean-Pierre Lehmann, Barbara Krug und Yasusada F.X. Yawata;
herausgegeben und eingeleitet von
Dieter Ruloff

150 Seiten (1997) ISBN 3 7253 0579 X
Fr. 32.60 / DM 38.20 / ÖS 278.–

Verlag Rüegger • Chur / Zürich
http://www.rueggerverlag.ch • E-mail: info@rueggerverlag.ch

Wandel der Weltgesellschaft
Beiträge von G. Höhler, M. Meyer, H. Riesenhuber, N. Walter, R.J.Z. Werblowsky, K. Villiger
Bd. 25, 119 S., (1996) ISBN 3 7253 0547 1
Fr. 32.60 / DM 38.20 / ÖS 278.–

Die Erblast der Sowjetunion
Beiträge von S. Avineri, U. Schmid, R. Chimelli, F. Vranitzky, W. Laqueur, C. Goehrke, H. Bockelmann, L. Rühl
Bd. 24, 140 S., (1995) ISBN 3 7253 0528 5
Fr. 32.60 / DM 38.20 / ÖS 278.–

Europäische Antagonismen
Beiträge von J. B. de Macedo, E. Busek, H.-A. II. von und zu Liechtenstein, F. Muheim, V. Rittberger, G. Schwarz, Fürst K. von Schwarzenberg, M. Stürmer
Bd. 23, 197 S., (1994) ISBN 3 7253 0490 4
Fr. 32.60 / DM 38.20 / ÖS 278.–

Föderalismus – Mittel der Konfliktbewältigung
Beiträge von Y. Afanasiyef, M. Bangemann, J.-F. Bergier, H. Bütler, R. Felber, D. Schindler
Bd. 22, 100 S., (1993) ISBN 3 7253 0473 4
Fr. 28.60 / DM 33.50 / ÖS 243.–

Umweltzerstörung und Ressourcenverschwendung
Beiträge von M. C. de Azambuja, H. Bonus, W. D. Ruckelshaus, St. Schmidheiny, M. Strong, K. Töpfer, E. U. von Weizsäcker
Bd. 21, 129 S., (1992), ISBN 3 7253 0441 6
Fr. 28.60 / DM 33.50 / ÖS 243.–

Das Flüchtlingsproblem – eine Zeitbombe?
Beiträge von B. Knabe, A. Koller, W. de Lobkowicz, M. Moussalli, H.-J. Hoffmann-Nowotny, Ch. Watrin
Bd. 20, 120 S., (1991) ISBN 3 7253 0396 7
Fr. 28.60 / DM 33.50 / ÖS 243.–

Glasnost und Perestroika – Der Sozialismus im Wandel
Beiträge von O. Bogomolov, G. Hedkamp, V. Korotich, B. Meissner, A. Oplatka, G. Simon, M. Wörner
Bd. 19, 130 S., (1990) ISBN 3 7253 0376 2
Fr. 28.60 / DM 33.50 / ÖS 243.–

Europäische Herausforderung
Beiträge von Lord Cockfield, F. Cotti, W. Dekker, F. Heisbourg, C. Nicolin, W. Weidenfeld, J. Widgren
Bd. 18, 102 S., (1989) ISBN 3 7253 0348 7
Fr 28.60 / DM 33.50 / ÖS 243.–

Neuer Realismus in den Nord-Süd-Beziehungen?
Beiträge von O. M.F. Ballarin, J.-M. Camdessus, B. Fritsch, K. K S. Dadzie, Sir G. Howe, S. S. Husain, Y. Kurosawa, F. R. Staehelin, W. F. Stolper
Bd. 17, 192 S., (1988) ISBN 3 7253 0324 X
Fr 28.60 / DM 33.50 / ÖS 243.–

Ideen unserer Zeit
Beiträge von R. Barre, W. de Clercq, S. E. Ibrahim, H. Küng, P. Lendvai, N. Lobkowicz, H. Lübbe, E. Noelle-Neumann, N. Podhoretz
Bd. 16, 188 S., (1987) ISBN 3 7253 0301 0
Fr 28.60 / DM 33.50 / ÖS 243.–

Das Dreieck Europa-Amerika-Asien
Beiträge von K. Furgler, V. Hao Li, B. Hawrylyshyn, J. de Larosière, W. Linder, R. O'Neill, St. Schmidheiny, E. Schurtenberger
Bd. I5, 154 S., (1986) ISBN 3 7253 0272 3
Fr 28.60 / DM 33.50 / ÖS 243.–

Ost-West-Beziehungen
Beiträge von Sir A. Acland, E. Brunner, H. Bütler, Lord Carrington, F. W. Christians, A. Grosser, F. Karasek, W. Laqueur, H. Rühle
Bd. 14, 140 S., (1985) ISBN 3 7253 0247 2
Fr 28.60 / DM 33.50 / ÖS 243.–

Wege aus der Weltwirtschaftskrise
Beiträge von P. Borgeaud, W. E. Brock, E. van Lennep, F. Leutwiler, H. Maucher, J. Morse, M. Timar, H. C. Wallich, C.-Ch. von Weizsäcker
Bd. 13, 140 S., (1984) ISBN 3 7253 0222 7
Fr 28.60 / DM 33.50 / ÖS 243.–

(Band 1 bis 12 sind erschienen im «Schulthess Polygraphischer Verlag», Zürich)

Thomas Bernauer / Dieter Ruloff (Hrsg.)

Globaler Wandel und schweizerische Aussenpolitik

Informationsbeschaffung und Entscheidfindung der Schweizerischen Bundesverwaltung

ca. 420 Seiten (2000) ISBN 3 7253 0657 5
Fr. 55.– / DM 64.50 / ÖS 468.–

Christof Wicki

Nachhaltige Alpenverkehrspolitik

Die bilateralen Landverkehrsverhandlungen im europäischen Spannungsfeld

250 Seiten (1999) ISBN 3 7253 0662 1
Fr. 45.– / DM 52.60 / ÖS 382.–
«Zürcher Beiträge zur Politikwissenschaft» • Band 22

Verlag Rüegger • Chur / Zürich
http://www.rueggerverlag.ch • E-mail: info@rueggerverlag.ch

Andreas Sturm / Mathis Wackernagel / Kaspar Müller

Die Gewinner und die Verlierer im globalen Wettbewerb

Warum Öko-Effizienz die Wettbewerbsfähigkeit stärkt: 44 Nationen im Test

80 Seiten (1999) ISBN 3 7253 0653 2
Fr. 28.– / DM 32.80 / ÖS 237.–

Englischsprachige Ausgabe:
The Winners and Loosers in Global Competition
80 p., Fr. 28.– / DM 32.80 / ÖS 237.–
(2000) ISBN 3 7253 0658 3

Franz Jaeger / Jochen Hartwig

EURO – Chance oder Risiko?

112 Seiten (1999) ISBN 3 7253 0650 8
Fr. 32.– / DM 37.40 / ÖS 272.–

Heiko Prange (Hrsg.)

Zwischen Bern und Brüssel

Erfahrungen Liechtensteins im EWR

192 Seiten (1999) ISBN 3 7253 0646 X
Fr. 45.– / DM 52.60 / ÖS 382.–

Jean-Louis Arni / Gilbert Ganguillet (Hrsg.)

Institutionelle und finanzpolitische Probleme im Bundesstaat

161 Seiten (1999) ISBN 3 7253 0645 1
Fr. 39.– / DM 45.40 / ÖS 330.–

Verlag Rüegger • Chur / Zürich
http://www.rueggerverlag.ch • E-mail: info@rueggerverlag.ch

Hanspeter Kriesi / Klaus Armingeon
Hannes Siegrist / Andreas Wimmer (Hrsg.)

Nation and National Identity

The European Experience in Perspective

296 p. (1999) ISBN 3 7253 0642 7
Fr. 46.– / DM 53.80 / ÖS 390.–

Marco Giugni / Florence Passy

Zwischen Konflikt und Kooperation

Die Integration der sozialen Bewegungen in der Schweiz

226 Seiten (1999) ISBN 3 7253 0638 9
Fr. 43.– / DM 50.20 / ÖS 364.–

Friedensbericht 1999:

Krisenprävention

Theorie und Praxis ziviler Konfliktbearbeitung

400 Seiten (1999) ISBN 3 7253 0640 0
Fr. 43.– / DM 50.20 / ÖS 364.–

Friedensbericht 1998:
Afrikanische Perspektiven
Theorie und Praxis ziviler Konfliktbearbeitung in Osteuropa
400 Seiten (1998) ISBN 3 7253 0604 4
Fr. 42.80 / DM 50.20 / ÖS 364.–

Friedensbericht 1997:
Die Zukunft Südosteuropas
Theorie und Praxis ziviler Konfliktbearbeitung
260 Seiten (1997) ISBN 3 7253 0577 3
Fr. 42.80 / DM 50.20 / ÖS 364.–

(ISSN 1420-3529)

Schweizerische Zeitschrift für Politikwissenschaft

Revue suisse de science politique
Swiss Political Science Review

Eine vierteljährliche Zeitschrift mit Beiträgen zu allen Bereichen der politischen Wissenschaft als Plattform für wissenschaftlich-politische Debatten.

Herausgeber: Schweizerische Vereinigung für Politische Wissenschaft

Abonnement: Fr. 100.– / DM 125.– / ÖS 800.–
Institutionen:
Fr. 125.– / DM 155.– / ÖS 1000.–

Verlag Rüegger • Chur / Zürich
http://www.rueggerverlag.ch • E-mail: info@rueggerverlag.ch